U0000934

拼圖者的生命觀察

一位工作20年的法醫心得。新聞跑馬燈後的真實故事，解剖刀下的生命啟發

楊敏昇 著

推薦序

探討生命意義，改變你我觀念

平安恩慈國際法律事務所
主持律師　陳雲南

楊法醫敏昇，擔任法醫師數十年，從科學角度了解死因，確認遺體身份，辨識親子關係，判斷有無罪嫌。從人文角度學習喪葬改革、遺體修復、遺體美容及悲傷輔導。從自殺、他殺、病故與意外之例，探討生命之意義，著為文字。

楊法醫敘述從其夢寐以求之教育工作轉任法醫師，就讀大學生死學研究所，適逢內政部推行殯葬改革，而參與喪葬改革、遺體修復及遺體美容之研究與發展。為改善遺體修復從公益轉為營利之趨勢，衡量技術、材料及殯葬費用，以屍傷分類訂定五級收費標準，成為業界收費分類標準之參考，使遺體修復業守住良知。嗣在大學講授生命教育課程，就上述工作經驗結合人文思考，將執業過程對生命之體悟與警惕，向學生作系統性之介紹。

楊法醫記載相驗遺體時，採集去氧核醣核酸因而排除犯罪嫌疑，彰顯司法工作之客觀中立，利與不利一律注意，一如矗立天秤中間之硬桿，力求兩端之平衡。又記述夫妻失和，母親攜子自殺之悲劇；母親產後憂鬱，悶死幼女，媒體報導其虐待幼女，不予哺乳，任令饑餓，家屬又未依其囑咐將母親強制送醫，終至無法承受輿論壓力而結束寶貴生命。再詳述護理師因車禍臉部輪廓壓碎，修復團隊修復程度堪稱完美，家屬稱謝不已，惟私語不似生前面貌，作者聞言立即要求重作，告以修復之精神在臻於家屬滿意之生前模樣，而非修成別人之美，「做得像」永遠重於「做得漂亮」。修復團隊立即重做，直至家屬破涕為笑。作者徵得家屬同意，以其女為主題，在香港國際殯葬年會，向來自世界各地之殯葬同業，報告此高度困難之特殊經驗。

本書亦記錄許多青年所遭遇之困境，如：考試成績不符高學歷父母之要求，造成獨子難以承受之壓力而自殺；國三女生未得父母關愛而在孤獨中成長；少年因父母離異而與疏離之祖父母同住，致流連在外結交朋友，因凌虐少女而入獄；肌肉萎縮需終生乘坐輪椅之大學生，雖因小說獲獎充滿光彩，嗣因感情不順及身體愈加疼痛，至感絕望。

此外，無論是社會曾哄傳一時之案件，抑或無人關注之事件皆以同樣態度慎重看待，如：高材生與閨蜜爭愛，談判未成，進而殺人，並灑化學藥品，致被害人五官潰爛難辨，服刑十一年假釋出獄；六〇一旅空難官兵之遺體，從最低階開始逐一修復，以生前英姿供人瞻仰，走完人生最後一程；印尼看護因工作環境不佳而逃逸，嗣於夜間躲警追緝而摔死山區；五歲時父母離異之青年，因缺乏父母關愛，嗣在公務機關頂樓自殺。

另，楊法醫奉派支援南投九二一地震相驗時，更記錄驗屍經驗、遇見之問題與困難以及建議之解決方式，並合寫重大災難遺體處理之文章，以便日後遭遇重大災難時，能從容為遺體分類，驗屍程序順利進行，實為難得。

前述事例與書中其餘部分，足供探討生命意義，研究家庭親情，進而改變觀念，增進幸福之參考。後學有幸曾在臺灣新竹地方檢察署與楊法醫敏昇同事，爰樂為推薦，以饗讀者。

推薦序

穿透命運霧霾的陽光，看見光明與希望

玄奘大學宗教與文化學系教授
兼系主任　釋昭慧

過往我對作者的印象是——專業能力卓越的好法醫，高明的遺體修復大師，對學生充滿著慈愛，教學內容與教學風格都甚受歡迎的好老師。因此這兩年來，我禮請作者為系務顧問，請他規畫「禮儀文化」模組課程，並組成一個堅強、亮眼的教學團隊。

感謝作者，他欣然接受了我的邀請，還把這項教學工程，當成教學與工作團隊的崇高志業。更讓人感動的是，作者將他一向廣結的諸方善緣，無私地轉化為學生們學習、實習、考照與就業的可貴資源。

但當我拜閱本書時，才發現自己對作者依然所知甚少。無論是當法醫、當老師還是發心擔任大體修復師，他的所作所為，都圍繞著「助人」二字，其經歷固然精采、豐富，經常也令人驚心動魄。他所敘述的生命故事，無論是「不可承受之重」，還是「不可承受之輕」，總是讓人有很深切的心靈觸動。

記憶中還未有過這樣的經驗：閱讀著一本書，可以不斷地擦拭眼淚。楊法醫／楊老師的大作，竟然有這樣強大的感染力！在本書的字裡行間，我深深感受到作者悲天憫人的情懷。他自述職涯三信念——「對當事者的保護，對生命的尊重，對緣分的珍惜」，這恰是「洞察緣起」的佛法智慧。伴隨著一則又一則的故事情節，作者自自然然地將這三個信念，化約為一項又一項的具體行動。

其次，即使全書所舉實例，大都是痛苦、悲傷、犯罪、死亡的生命故事，但讀來不會讓人感到前途暗淡，人生絕望，反之，作者的筆觸似乎有一種神奇的力量，讓陽光穿透命運的霧霾，讓人在絕望處能看到光明與希望。

我發現，那份神奇的力量，來自作者對人的慈悲心與自嘲的幽默感。在靜默閱讀本書之時，我時常在上一分鐘才被感人情節催淚，下一分鐘就被作者的自嘲筆調，逗得哈哈大笑。作者就是這樣可敬可愛的人——對生命的悲歡離合，因同理心而流露無限柔情，對人際的愛恨情仇，有著強烈的正義感，但他絕不嘲弄別人，唯獨嘲弄自己。

我於是倍加珍惜與作者間的同儕緣分，也為系上學生深感慶幸——能受教於楊老師座下，是多麼幸福的一件事啊！以這份心情，和各位讀者分享，願讀完此書之後，能在人生中更容易尋獲那道穿透命運的陽光。

自序

正因為平凡，才能看見不平凡

長庚醫學院（現在的長庚大學）畢業後，我並沒有因為所學專業留在醫院，反而選擇兒時的夢想「當教師」，二十七歲站在大學講堂意氣風發，深信努力絕對可以讓我從助教、講師一路順暢到教授，甚至想像這輩子也將終老校園。但計畫永遠趕不上變化，當時正逢全國老法醫大退潮，喚醒內心深處的柯南與福爾摩斯之夢，基於對科學辦案的憧憬，引領我走入法醫世界中。

回顧法醫之路，說實話有點像是從「夢幻」到「誤上賊船」。第一次拜訪石台平法醫時，被他領到台中殯儀館觀摩解剖，首次與屍體近距離接觸，死者是被丈夫謀殺分屍的婦人及黑道仇殺的大哥，死狀淒慘、令人當場腿軟的屍首。當時解剖完後，就對著垃圾桶裡面狂吐！沒想到石老師非但未取笑我，反而讚我是位「不可多得」的人才，聽到老師這麼說，心中還暗讚自己的「資質」，但考上後才從學長們口中得知，原來為彌補法醫人才荒，他都是如此鼓勵報考者。

法醫工作對我及家人都是一種挑戰，畢竟面對活人及死人的感受不同，猶記初期家母甚至要我別在親友喜宴上暢談自己的職業，避免觸人霉頭。雖然說生老病死是人生必經過程，但以國人的感受，體驗「生」要比面對「死」來得自然與樂意，尤其處理遺體的過程中，還需面對家屬的悲慟與無助，即使已有二十年工作經驗，還是會常常久久難以釋懷。

很多人納悶我何以從事遺體修復工作，在一般人認為，不管是法醫或殯葬，多少是種神秘、甚至帶有隱晦性質的行業，有人說：「如果有一種工作是別人不願意做，而你卻樂在其中，那你一定是佛祖派來的，派來為眾生服務的。」我們雖沒有這麼偉大，甚至跟上班族與服務生一樣，都僅是一種正當職業，只是，遺體處理的專業人員，須有過人的膽識與理性，及善體人意的耐心而已。

很幸運在國內殯葬風起雲湧的年代，我正巧唸研究所，得到許多教授教誨指導。或許是因為法醫的身份，對遺體有一定的熟悉與專業，進而受邀進入殯葬改革的行列，也因緣際會成了遺體修復師。進行修復不會只是縫補技巧的優劣評比，就像「修復式正義」一樣，透過修復動作與過程，完整往生者的面容，撫慰生者內心的傷痕，讓人性的溫度繼續流轉，平緩不可逆性的悲痛與哀傷。

當年四處演講，台下坐了別於以往的聽眾群，除身穿黑衣服、腳踩藍白拖、大口嚼檳榔外，更會不時提出種種無厘頭的問題，對他們的印象只能用「好特別」來形容。但隨著時間相處，越能體會其辛勞與純真，雖然是一群跑江湖顧溫飽的殯葬人，眼中卻仍充滿著對知識、教育的熱忱與渴望。無論是修復還是演講，我都僅收車馬費或材料費，就算有多餘的，也都是捐款給慈善單位，因而常被朋友笑是個「廉價老師」「做善事的」，但還是不改初衷，立志要像個傳教士一般，努力做好往下紮根的工作，這也是我當初夢想成為老師的價值與目的。

感謝三位老長官的推薦，因為有您們，才讓我的拙作予以完整：

裴起林法醫是我的啟蒙老師之一，嚴格算是「師公」了，「北楊（日松）南裴（起林）」可見國人對他的敬重，法醫生涯常受他教誨與鼓勵，二十多年來一直擔任我的心靈導師。

陳雲南檢察長被稱為「最牛發言人」，更是公職中最敬佩的長官，做事一板一眼，操守好，又廉潔自愛，深受同仁的敬愛，雖已退休卻很懷念他的精神。

釋昭慧院長在學術界有崇高的地位，跟大師的緣分很特別，除了是長期在大學兼課的主管，也是升等助理教授時的裁判長，最特別的是從學生時代就是她的小粉絲。

二十年來漫長的法醫與修復師生涯，經歷無數驚濤駭浪的案件，才驚覺無論擁有多縝密的辦案邏輯、多高明的修復技術，在生命的洗禮下，自己是如此地平凡。我常說，一件看似平凡的凶殺案常包裹無數不平凡的起因，案件發生不會只是加害者與被害者的利害關係，其成長背景環境、教育、人格特質、社會資源等都是隱性動機，層層剝開，看見的是跨不過的課題。而這些課題究竟該何解？或許就如電視劇《我們與惡的距離》探討的一般，沒有任何人是局外人。

所以我想把這些案件帶來的珍貴感悟寫下，透過此書，記下人世間各種情感交織而成的課題，不僅僅只是來時軌跡的記錄，更是寶貴的生命啟發與反思！

期望每一個人都能在看似平凡的生活中，看見那些不平凡，並嘗試激發出一點漣漪，更重要的是，珍惜已擁有的一切。

二〇一九年三月三十一日 午夜

楊敏昇

目錄

叁・生命所不能承受之輕

※為保護當事人，
案件故事人物內容有稍作改編。

壹

踏上理解生命之路

執業近20年，有人說我不務正業，
本來在大學當老師，最後卻拿起解剖刀，
協助檢警調查刑事案件，
甚至幫許多面目全非的遺體進行修復。
冥冥中，我必踏上理解生命之路。

01 在人生道路拐了一個大彎

常常有人問，怎麼當上法醫？為什麼選擇成為遺體修復師？其實也說不上為什麼，回頭看看，人生充滿機遇，緣分將看來不相干的道路組合起來，其中的邏輯常就是會超出理解範圍。

我第一份工作是大學助教職務，原以為這輩子就這樣走下去了，誰知道拐了個彎，考上法醫。當上法醫之後，人生一路超展開，「不務正業」地身兼數職。如果非得解釋這些機緣，也許可以從當兵時期對人生方向的擔憂說起。

當兵，是段能慢下來思索未來方向的人生空檔，五專放射科畢業後，我在軍醫院服兵役，當放射師。即將退役的學長們在閒聊未來出路時，免不了為自己擔心，學長也總是耳提面命：「像我們這樣不是正統醫科畢業的，要認命一點，多唸點書，再去考試吧！」

的確，放射科只是醫學相關學系，並非正統醫科，出路侷限多，大部分同學畢業後都會再考取後醫學系，進入醫學領域就業，待遇相對優渥。聽取大家的建言，退伍後，半工半讀考進長庚大學醫技系。

進入醫技系就讀，專業科目雖然與放射科不一樣，但實驗操作模式都有SOP流程，結果也較少模糊地帶，只有對錯之分，例如：因檢驗器材操作錯誤，導致結果判讀錯誤。不同科目，但同一套科學系統，像是在既有的思考模式上，增添新的硬體操作設備般，習得額外的專業，因此大學四年課業上，還算駕輕就熟。

四年畢業後，得正視出路問題了。我這輩子最大的夢想是當老師，當學生時，升學主義掛帥，分數就是一切，考第一名等於好學生，填鴨式教學使得上學只有壓力，沒有樂趣；而老師的壓力也不亞於學生，為了追分數，面對學生幾乎失去耐性，只有當學生考上前三志願的學校，老師才能稍微放鬆。

因為求學過程的不愉快經驗，激起我想試圖改變教育狀況的心，所以我夢想能當老師，以更有愛、更多耐心和關懷，教育下一代，讓他們知道分數、志願不是學生的一切，而是應該享受讀書的樂趣，更全面地探索未來，健全成長。

正常情況下，依我稍微偏執的性格，立定目標後就會勇往直前，原本的人生藍圖該是為人師表至退休，桃李滿天下。大學畢業後，到了適婚年齡，也需要收入，正好母校人事主任提出邀約：「敏昇，你不是說要當老師嗎？剛好放射科有助教的缺，你來卡個位，慢慢升，也剛好教你學弟妹。」

如果答應的話，剛好佔到改制前最後一年的助教缺，民國八十三年以前教師升等制度是：進修後繳交升等報告，通過後便能升為講師，接著就是副教授與教授的高階教育人才。

「這條道路不正是通往夢想的康莊大道嗎？」我內心雀躍吶喊著，耳邊響起勝利之歌的奏樂，二話不說地點頭，進大學教書。

回母校教書無疑是夢寐以求的工作，我是第一屆六年制放射科的學生，學生是六年制最後一屆的學弟妹，年紀相近，沒什麼代溝，大家感情很好，下課相約打球、吃吃飯，像家人般的學生，讓我甘心燃燒小宇宙，熱血投入教學，沒任何抱怨。

只是，助教職不單只有教學，還必須處理行政事務，肩負招生壓力，常常一人做三四人份的工作量，外出進修的時間被瑣碎繁雜的公事壓縮；加上私立學校還是有營收壓力，我和幾位年輕老師對教育過於理想化，與學校的營利模式時常有衝突。雖然學生帶給我教學熱情，但當理想和實際時常對立，免不了磨擦出疲倦。

但人生最好玩的地方就是——面臨選擇時，無法預測這條道路會帶來什麼樣的風景，好不容易做了選擇，前方又有岔路埋伏。正當對助教職產生倦意時，台灣面臨一波法醫師退休潮，法醫領域像是破了大洞般，幾乎流不住人才。

某天，同樣讀長庚醫技系的學弟跑來跟我說：

「學長，有一個法醫的考試，你不是對法醫很有興趣嗎？」

「法醫不是要醫學系畢業才能考？」我納悶。

「好像改制了，而且我們長庚也有一位同學考上。」

聽了學弟的話，我眼睛一亮，開始積極去了解。原來早期法醫需要醫學系畢業，政府對於公費生寄予厚望，以一種付錢培養法醫的方式，填補自大老楊日松後的斷層。但是因為法醫社會地位不高，常被認為是檢察官的附庸，薪資又比一般醫生來得低，加上社會對死亡的傳統觀念，認為碰觸大體不吉利，許多公費生即使賠錢離開，也不願意投入法醫行業，如果有醫學系學生擔任法醫，通常都是兼職。

因此，台灣法醫只剩下兩種，一種是楊日松帶的學生，另一種是軍系法醫，而軍系法醫不太會看病，人家也不放心讓他們看。政府別無他法，名法醫裴起林建議放寬招考科系限制，醫學相關科系也能報名考試，以彌補這波退潮人才斷層，共招考六梯，大概有三四十位，現在基層的法醫幾乎都是這樣來的。

對犯罪、檢調辦案與法醫等刑事案件相關影視、文學題材，我完全沒有抵抗力。那時每天追一齣以法醫為題材的港劇，也栽進偵查犯罪類型的日劇世界，更熱衷楊日松博士那幾本講述刑事案件和驗屍的小說，福爾摩斯更不用說了，讀得像準備聯考一樣認真。

每每沉浸在犯罪小說世界，都會到達渾然忘我的狀態，我會擔任福爾摩斯的助手華生，在小說空白處跟著情節發展寫下線索，記錄整樁犯罪過程，書中若提及屍體解剖情節，更會圈出關鍵字，折起書角做記號，再來回拼湊事件發展。等到結局猜對犯罪動機和犯人，我會得意地在空白處簽下「華生」兩個字，以示協助偵辦結案，這就是我的死忠程度。

「機不可失啊！」法醫放寬招考這項消息像道曙光在疲倦的生活中升起。只是我時常有違常理，不按照順序行事，正常情況下，應該是確定要報考，就會買參考書目開始準備。但依照我「辦案」的精神，非得先「臥底」進到法醫界，了解整個法醫職業狀況，做足心理建設才要安心準備考試。

我挾著熊心豹子膽自告奮勇，跑到地檢署請求實習機會，拐了一個大彎，朝著曙光升起的方向前行。

02 法醫「先修班」

「請問法醫室在哪邊？」趁著學校沒課，我一早就奔來新竹地檢署。

「你是家屬嗎？」

「喔？對！我要找法醫。」希望警衛沒聽出語氣中的遲疑，那是在衡量說謊的程度。

「好，你現在往那邊走，在第三棟……」

鬆了一口氣，依照指示走到法醫室，像來到神殿般，即使外觀看起來有些老舊，卻閃閃發亮，港劇中常看到的法醫室，活脫脫地就在眼前。

「請問陳法醫在嗎？」

「不在喔，請問你是？」

「我是過來實習的，那請問王法醫在嗎？」

「他們今天都不在喔。」

陳法醫和王法醫是當時地檢署唯二的法醫，碰了釘子，但不灰心，隔天起了個大早，繼續到地檢署等待。

遠處走來一位身著白袍，手戴乳膠手套，拿著成疊資料，看起來像照片上的陳法醫，我一邊點頭慢慢接近。

「請問你是陳法醫嗎？」

「有什麼事？」法醫加快腳步往前，不知是沒興趣還是沒時間交談。

「陳法醫您好，我是大學老師想要考法醫……」鼓起勇氣跟緊腳步。

「蛤？」我話都還沒說完，他不可置信地發出驚嘆，但也終於站定聽我說話。

「是這樣的，我想了解法醫的工作狀況，想要先實習看看。」

「哈哈，你頭殼壞掉啊？好好的老師不當，跑來當法醫幹嘛？」這語氣波濤洶湧，試圖逼退我，但好不容易等到機會，怎麼可能棄械投降！

「陳法醫，我雖然讀的是放射科，但對法醫一直很有興趣，剛好今年開始放寬考招考門檻，醫科相關也能考試，所以想要試試看。」

陳法醫的表情突然從不解中舒展開來，但不確定掛著的笑容是想壓抑失禮的爆笑，還是欣慰？有求於別人，特別是要求被認為愚蠢時，就是會心思紊亂，過度解讀，天啊！真是史上最難熬的十分鐘。

「你頭殼真的壞掉。我給你王法醫的分機好了，你去找他談談。」陳法醫隨手拿了紙抄寫便匆匆離去。

我忍不住像日劇男主角得到幫助般，大聲地說出謝謝，然後站在原地，兩眼充滿感激地目送他離開視線。

對於感興趣的事物，無論遇到什麼困難，意志力總顯得堅強，有了被當傻瓜的經驗，還是可以樂觀地忘掉一切，撥打王法醫的電話。

「您好，請問是王法醫嗎？」

「是，你哪裡找？」

說明完來由和想實習的決心後，王法醫提出一樣的疑問：「你確定？當老師不是很好嗎？」

我再度表明決心，只差沒把心臟掏出來。王法醫聽完後，熱心地跟我約了其他時間見面，只是那次他沒有出現。

雖然王法醫因公無法趕上會面，但地檢署的同仁約略知道有一位想考法醫來實習的大學老師，他們很熱情地請我進辦公室。

「哈哈，到底為什麼想不開要來當法醫啦？老師收入不是比較好？」這個問題已被盤問到可用下意識回答，一樣，我有興趣有決心。他們看我無法勸退，開了口：

「這樣好了，你先去找兩個老師，吳木榮和石台平老師，跟著他們跑跑看。」

入場券終於到手！

週末一到，穿上西裝，繫上領帶，整理儀容後開車到學校找石台平老師，開始第一天實習。

「敏昇，先吃飯。」接過老師為我準備的排骨便當，一邊用餐，老師一邊解說地檢署接案程序。

法醫勘驗案件通常是自殺、意外、他殺、未確認身份四大項目，程序由警察局先通報到法警室，法警室通知檢察官和法醫，再偕同書記官和司機一同到案發現場進行勘案。重大案件如凶殺案，因為不能破壞現場，一定得到現場勘驗；如果鑑識人員報告死因單純，例如自殺，那遺體就會先移到殯儀館，法醫等人再前往勘驗。

了解基本知識後，還以為下一步是溫和地到教室看幻燈片。

「吃飽了吧？走，上車！」

什麼，竟然要出門！看來老師並未因為第一天實習而手下留情。

第一站：解剖室。

眼前躺著一具身中四十刀，幾乎面目全非的遺體。

「老……老師現在要怎麼做？」聽不太到自己聲音，整個空間只聽到蹦！蹦！蹦！急促的心跳，手心也不斷冒汗，胃的深處更如有海浪猛烈拍打，一陣酸竄上喉頭，好像有排骨的味道。

「敏昇，你還好嗎？臉色很蒼白耶！」老師關心地問，聽起來也像試探。

「我沒事。」只能以撲克臉壓抑衝擊，假裝處之泰然。

「好，那你先站在旁邊看我怎麼做。」

老師開始驗屍，我盡力壓抑恐懼，把握第一次近距離的接近死亡，第一次細看血淋淋的人體構造，儘管害怕，仍想牢牢記住這「第一次」帶來的震撼。

在腦袋和嗅覺都被血紅腥味霸佔到體無完膚後，驗屍終於告一段落。精神才稍微鬆懈，正要確認自己沒被嚇死時，突然有東西朝我屁股撞了一下，轉過身，血壓瞬間飆高，是一具幾乎被分屍的遺體，因為兇嫌過於激烈砍剁，刀柄掉了，菜刀還卡在大體內。

我的天哪。

「敏昇，要不要出去休息一下。」

「沒事，真的沒事。」我繼續站在離工作範圍最近的地方，繼續看著老師鑿開大體腦門，然後縫補。

驗完屍、做完筆錄，殯葬業者也確認完相關作業後，還以為事情終於告一段落，胃卻開始不聽使喚，我能清楚感覺到排骨正從胃的底部，挾著胃酸味一併翻滾到喉嚨，激烈得無法阻止，終於，我讓排骨便當從體內得到釋放……

「嘔！」第一次的驗屍經驗，就在我吐了一地的午餐後，真正告一段落。

開車回家路上，回想剛才的驗屍狀況，想要整理今天學到的東西，但兩具血肉模糊的大體，在每個回想的細節裡亂入、和我打招呼，心理作用害我頻頻注視後照鏡，一股寒意襲來，碎成雞皮疙瘩，「媽啊！是不是有一男一女坐在後座啊？」我自言自語。

第一次驗屍的後勁就是：連做惡夢好幾天。

03 必經的震撼教育

實習初期，我開著車跟著兩位啟蒙老師吳木榮、石台平到處驗屍。剛開始還不太熟稔，只能站在一旁觀看、做做筆記。過段時間，熟悉作業流程後，老師們會在適當時機，不干擾公務執行下，讓我當助手，進行簡單實作，例如：怎麼鋸頭骨、驗屍後的縫補作業等。

承受幾次衝擊後，越來越適應法醫這份血淋淋的工作，身心反應也漸漸穩定，加上跟著兩位很棒的老師，教給我很多正確的觀念。正當有百分之九十的肯定，未來我就是要當法醫時，一樁自殺案件，為我帶來前所未有的衝擊，不是平常驗屍的身心考驗，而是人生的震撼教育。

那天，和老師進入相驗室，白布一掀開，我驚嚇得呆站一旁，久久不能反應。

「敏昇，現在第一個步驟要幹嘛？」老師開始教學式引導作業。

我想回答，但喉嚨乾得像三天沒喝水，發不出任何聲音。

「怎麼了？」老師察覺不對勁，在我眼前揮揮手。

我緩緩擠出心中的震驚：「他……他是我的學生。」語畢，眼淚就這樣流下。

「去戴手套。」突來的命令，還來不及回應，老師不帶任何感情接著說：

「你的學生，你自己來。」

腦袋還處在驚嚇漸退的空白處，無法有任何行動。現場警察、死者父親、同學都在旁邊。

「你很優秀呀，你不是已經跟過好幾場了？」老師試圖把我的魂喚回來，只是現在使用激將法，也只會更刺激我的淚腺，還是很難接受自己的學生怎麼會死在眼前。

「敏昇，你的老師都說你會了，已經具有專業知識了，為什麼不做？」老師的話打醒我，對！我已經是專業人士了，為什麼不做！

我不再猶豫，這只是另一項難度較高的考題而已，跟平常一樣，我可以的！我戴起手套，忍住眼淚開始驗屍。

只是，內心交戰沒辦法立刻平息，每做一個動作，疑問就像止不住的淚水一樣不斷湧出：「我的學生怎麼會躺在這裡？」「為什麼要自殺？傻孩子啊！」「不是還要跟老師一起打球嗎？」這些問題反覆折騰，在心裡迴盪，等不到學生親口回答。

有幾個瞬間，視線被淚弄模糊了，我深呼吸，試著集中精神在每一個步驟，專注在所有死亡跡象。我想起教科書上寫過，人類原本所有的生命徵象，會隨著死亡而全部停止，變成一個單純的物體。沒錯，我現在只是針對這個物體上的物理和化學變化做評斷。情緒一旦擋在理性專業之外，這具遺體便暫時不具名。

「敏昇，差不多了，我來開死亡證明吧！」經過一段評估期，老師像鬧鐘提醒著：時間到。「死者是燒炭自殺，腦部急性缺氧死亡。」我本來想這樣回答，但誰知道，一回神，眼淚再也忍不住嘩啦嘩啦地傾瀉而出。

至今回想這殘忍的經驗，仍相當感謝吳木榮老師的作為，他讓我知道，當法醫不是只是勘驗陌生人的遺體，也會碰到熟識甚至親密的人。

後來法醫的執業生涯，的確也有幾次驗到熟人的情況，包含鄰居、很優秀的國中同學，雖然當下還是很唏噓，但已不至於驚嚇到腦子一片空白，無法作業。甚至連五年前我父親車禍過世時，學弟在驗屍，開腸剖肚，我仍不動聲色在旁觀看，幫忙翻大體。最後，進行遺體修復時，本來想要親手為父親縫補，學生趕緊過來阻止我：「老師，不行啦！哪有人自己縫自己爸爸的。」才作罷。

直到整個驗屍程序結束，我才躲到角落發洩，好好地大哭一場。

法醫是一份殘酷的工作，所有情緒必須在執行那一刻拋諸腦後，展現高度專業。難不難過是一回事，但我知道該怎麼面對，那個坎只要跨過去，就戰勝一次心魔。

有了種種衝擊的實習經驗，我相當確定：法醫這條路，是我人生一定要體會過的風景。我開始投入準備考試，每天下班回家，唸書唸到三更半夜也不嫌累。也許老天爺也幫著我，考試題目幾乎是問答題與申論題，除了是自己比較在行的項目外，扎實的實習經驗讓我下筆如流水，答得相當順暢，考完後就聽天由命了。

我也很好笑，雖說聽天由命，但在還沒放榜前，就毅然決然辭去學校職務，同事都說：「楊敏昇你瘋了啊？」

逗得我大笑，以壯士斷腕般的堅決回答：「不瘋魔，不成活啊！」

最後苦心有了回應，我順利考上法醫。

04 踏上理解生命之路

當上法醫後，遇上幾樁特殊案件，讓我開始思索，醫學教育的思考邏輯是去繁就簡，醫療操作與病理判斷都有高度專業得以劃分歸類的SOP系統，法醫領域大致上也是同一套思考模式，但這些案件開始鬆動原本深植腦袋已久、非黑即白的思想系統。

那年，國華航空一架從新竹機場飛往高雄的班機，起飛後兩分鐘從雷達上消失，墜毀在新竹機場外海六海浬的海面上，機上八名乘客和五名機組人員全部罹難。消息一出，地檢署一陣混亂，同仁們以最快的速度備好相關驗屍器材，跟隨檢察官驅車到失事地點驗屍。

「沒找到任何一具屍體嗎？」

「都掉到海裡了，只能找到一些屍塊。」

鑑識人員帶我們到屍塊集中處，戴起手套口罩，開始採集DNA檢體，進行身份比對，在十三名罹難者身份皆確定後，法醫的工作告一段落。

幾週後，我收到一封來自罹難機師的女兒寫的信：

楊法醫，您好。

我是機師的女兒林小姐，辛苦您了！

事發至今，我們全家還是無法走出傷痛，尤其我的媽媽，她不敢相信沒有機會見到爸爸最後一面，爸爸就這樣掉到海裡，什麼都沒了。

在這裡有一個不情之請，能不能向您要我爸爸屍塊的照片？

這是我們唯一能擁有爸爸最後的樣子，這對我們一家非常重要，希望您能答應。

看完信，我試著與林小姐聯絡，想解釋那只是幾張DNA編號照片，可能沒辦法安慰到他們。

「喂，您好，我是地檢署楊法醫，請問林小姐在嗎？」

「法醫您好，我就是。」

「楊小姐我收到您的來信。那些照片只是DNA的編號照片喔。」我其實不是無情，只是想表達那和他們期待能夠擁有的東西不符而已。但林小姐那端突然像撥了空號般無聲。

「……林小姐，還在嗎？」

「還在。楊法醫，您不能理解我們家的心情，無論是什麼，只要跟爸爸有關，那都是他最後留下的東西，這對我們家意義重大。」聽完林小姐的回話，突然，對於自己剛剛說「只是DNA照片」這句話感到愧疚，卻找不到語言表達。

「楊法醫，可能我的要求造成您的困擾，真的很不好意思。但您能夠想像爸爸就這樣整個人消失在這個世界的感覺嗎？突然就沒了……」顫抖的聲音就像指責我沒血沒淚一般。

「林小姐，我了解了。我會向上呈報，請您們一家節哀，過幾天會通知您到地檢署來拿。」

「謝謝！謝謝！」

檢察官答應後，林小姐到地檢署順利領取了照片。一拿到照片，林小姐哭到需要人攙扶，並緊抓著我道謝，這景象像是一個人掉進絕望泥淖時唯一能緊抓的浮木，至少這張照片能讓他們暫時脫離濃稠的悲傷。

林小姐事件讓我反思，每次與殯葬業者接觸，常聽到他們以「隻」或「支」作為遺體的單位詞，這是因為業者習慣將棺木與遺體一體共稱，從這語法看來，他們把遺體當成物品來看待。記得當時我還認為這樣根本不尊重死者；只是反過來看，我也常習慣性地以科學角度看待遺體，將之視為證物，或代表死者過世的原因，少了同理家屬的悲傷情緒。

我想起母親時常告誡我：「你當法醫要替人家家屬想，對方再怎麼無理，也要體諒，因為他們至親的家人過世了，沒有什麼事情比這還難熬。」

慢慢地，我重新看待法醫這份工作的意義，法醫不只是勘驗屍體、縫縫補補的作業，或是開立死亡證明，證明罹難者在人間的身份結束而已，更多是為了留下來的家屬。我們對待遺體的每一個動作，都會牽動家屬的情緒。林小姐事件後，每處理完案件，我都會特別留意家屬的狀態，想給家屬一點力量。

只是，安慰的輕重，一開始還不太能平衡。一次，處理完車禍案件，家屬憔悴地到辦公室申請死亡證明書，處理文件時，我頻頻抬頭，想關心家屬心情，只見家屬欲言又止的模樣。

「陳先生，節哀。」我說出口。

「楊法醫，被車子輾過有多痛？」陳先生無神地看著我筆下開立到一半的死亡證明，虛弱地開口。

「不太清楚。」我是真的不知道，但死者的狀況是當場死亡，痛應該只是瞬間。

陳先生繼續追問：「那你覺得我爸爸死的時候會不會很痛苦？」

眼看陳先生就要潰堤，我趕緊安慰：「以你爸爸的狀況，是瞬間就死亡。其實換一個角度想，你爸爸是有福報的，死的一點病痛都沒有。」

陳先生沉默不語地盯著我看，兩眼似乎不再空洞，我接著說：「如果是癌症死亡，病痛拖更久，不只你爸爸痛苦，家人更痛苦。」

想說以真實的狀況做比較，他應該較能想像。原以為能夠起安慰作用，沒想到，陳先生不發一語，直接轉身走出辦公室，一句感謝也沒有。原來陳先生的空洞是被憤怒填滿，不過一會兒，他帶著怒氣再走進辦公室，沒好氣地對我說：

「楊法醫我覺得你很沒有人性！我告訴你，這只是你的想法，我寧可我爸爸生病拖著，我們可以陪伴他，我一點也不怕辛苦！」語畢，再度氣沖沖離開。

「有病啊！我只是好意跟你講……」當時年輕氣盛的我無法消化陳先生突如其來的情緒，只感覺莫名其妙，混身不爽。

五年前父親嚴重車禍，我趕到醫院，醫師宣告命危，我和媽媽為了要不要拔管，陷入天人交戰的情況……看著病榻上的父親，陳先生憤而離去的身影在當下忽然閃進腦袋，我想起陳先生的話，「如果父親不是一撞就命危，如果是下半身癱瘓呢？」我問了自己，肯定是為他把屎把尿，只求能有多一天的相處啊！

是啊，對家屬而言，什麼才是最有效的「安慰」？絕對不是依你覺得好的、對的方式給予，因為在這個問題上，沒有正確答案。年輕時，學弟學妹曾說：「學長，你安慰人的方式好像不太好耶！」所以我也慢慢去調整，如果家屬有需要，再給他適度的支持。

對我來說，「悲傷輔導」有點像是告解，因為家屬其實知道「時間」才能淡卻傷痛，但他們還是需要人傾聽，在這個最痛、最不堪的當下，需要有人當他們暫時避風遮雨的港灣；而傾聽者如果還有能力，再給點意見和方向吧。

05 從生死學到遺體修復

法醫行業做久了，也會遇到一些瓶頸，例如：所有作業流程已經駕輕就熟了，工作就會淪為行事曆般，照表操課地進行。因此，我萌生想要繼續進修的念頭，原先打算再回到長庚大學唸研究所，精進醫學專業知識，但聽了我的計畫，老師鼓勵我：「再唸只是把醫學的相關知識提升，再提升也是這個水平，去唸唸不一樣的東西吧！」

剛好，當時南華大學生死學研究所在招考，是口碑很不錯的人文科系。人文？是跟情感相關的嗎？帶著好奇心報考，幸運地考上了。

進入南華生死學研究所就讀的第一學期，坦白說非常要命。宗教、哲學課程抽象得不著邊際，上課常常從某個哲學思想系統，漂浮到另一個宗教文化觀，好不容易打起精神，抓住某個重點落地，卻不知身在何方，到哪個世紀的哲學思想了。

人文學科為何總是要無限延伸外加無中生有呢？和同事閒聊時忍不住抱怨：「明明幾句話就可以講完，還要用三十句話去論述，我真的好想睡覺啊！」

唸了一學期，也好像浪費了一學期。不行，既然唸了，就要好好唸下去，就像決定追一個女生，就非得要好好認識人家一樣！我重新敞開心胸，接受人文學科教育的洗禮；奇怪的是，心胸一開闊，竟慢慢覺得人文思考很有意思。

過往醫學的訓練很直接且技術性，沒有將「人」納入各種情況思考，要怎麼思考「人」呢？我記得上課第一天，老師直接破題：「所有人文學科的核心就是：我們是誰？我們將走到哪？」人文學科就是要幫助你發展個人哲學基礎，在面對事情時，會傾向跳脫事件本身，往事物更高層次的價值進行思考。

例如：法醫的行業不只是協助破案，而是破案後為家屬帶來的撫慰感，這彰顯法醫的個人價值，也就是——執業的技術不是重點，重點是做這件事情的意義與靈魂！這是人文思考很重要且很美的核心概念。

人文學科如醍醐灌頂般，把人性的溫度加進我理性的腦袋，實際落實在因緣際會下的另一番人生風景，對殯葬業所謂的「悲傷輔導」有更具體的領悟。

讀研究所那年，內政部要實行殯葬改革，早期的殯葬業者素質良莠不齊，惡性競爭，炒作塔位、墓地甚至骨灰罐，因此政府找來學界老師，想透過教育、證照制度扭轉殯葬文化。南華生死學系的老師群有幸被邀請，老師請幾位學生，包含我，到研討會去當服務人員。

席間，老師們討論起殯葬改革的各種方向，包含儀式、宗教、佛學領域。其中一位老師突然愣了一下說：「欸？那屍體呢？沒有人做屍體部分的教育啊？」

學校所長也不知是認真的，還是反應太快：「有啦，就那個倒茶的啊！」

突然，這群老師的目光順著所長手指的方向，停留在我身上，我放下茶具滿臉疑惑：「啊？」

所長繼續補充：「敏昇在當法醫啦，屍體問題找他就對了！」

正好，所上有位做美容工作的陳老師，她的碩士論文寫的便是遺體美容研究，因此，所長希望我和陳老師一起補齊殯葬改革缺少的部分。我與遺體修復的緣分就這樣牽上線了。

我運用法醫所學所用和陳老師一同替殯葬業者上遺體修復和遺體美容課程。而我的修復技術也跟著每次驗屍更加精進。我和陳老師一起組織了一個遺體修復團隊，這些合作和修復經驗，不斷打破我對遺體修復工作的技術性思維。

「敏昇，你解剖得很醜耶！」「楊敏昇，你可以有耐心一點嗎？你怎麼把大體縫得這麼粗，感覺很慶菜（台語：隨便）。」這是修復過程，陳老師最常對我的指責，一開始不以為意，還有點傲氣想著：你有你的堅持，但我也有我的專業啊！

直到某次，家屬看完修復結果，感恩地含著淚，對陳老師說：「謝謝你把我媽媽化得這麼用心，我媽媽可以漂漂亮亮地離開了！」

當下，我突然理解陳老師對縫補的嚴謹要求，如果我的縫補做得精細，陳老師化妝的時候就可以更細緻地呈現，這樣在家屬眼中，摯愛的親人看起來就像是打扮得漂漂亮亮入睡了，與死亡的距離便不那麼可懼。

我想，遺體修復的價值就是悲傷輔導，只不過和法醫在面對家屬情緒時有些不同，修復團隊扮演的是「無聲」的角色，透過遺體美學的技術，以同理心把每具遺體當成「只是不會呼吸的病人」來對待。如果有能力將毀損的遺體恢復回生前的模樣，對家屬而言就是一種最好的悲傷治療。

所謂「一個動作勝過十句問候」這就是人文思考帶給我的力量。

因此，我們團隊花更多時間研究修復的方式，細心縫補，想像如果這是我的親人，希望他能以最完整最漂亮的模樣，走向更好的世界，這就叫做「視喪如親」。家屬常常淚眼與笑容交雜著感謝我們，修復遺體的同時，似乎也一併修復了家屬破碎的心、撫慰了他們悲慟的情緒。

相較於完結一項案件，讓正義得到伸張的成就感，家屬微笑地向摯愛道別、讓往生者安心離開的感動和溫暖，似乎更能長久存藏於心。

後來，也是緣分，有幸受到一些大學的開課邀請，當我還在衡量除了正職的法醫工作，修復團隊接案以及在警專教授的專業課程，這些「不務正業」的工作量，能不能再負荷其他邀約時，老師再度鼓勵：「你現在人文課程也唸得很有心得，為何不把專業結合人文思考去教大學生？以生命教育方向，啟發大學生不是更有意義嗎？」

真的很感謝每次遇到岔路，恩師總是推著我向前！於是，我辭掉警專的教學兼職，開始到大學教授生命教育課程，把法醫與修復過程遇到的案件整合人文思考，分享在執業過程對生命的體悟與警惕，有系統地傳授給大學生。

記得，第一堂課踏進教室看見座無虛席的爆滿狀態，以及學生上課真誠地分享從案件體會的生命感悟，我又再度找回教學熱忱，至今仍樂此不疲。

06 只信緣分，不信鬼神

身為法醫最常被問到的就是：「有沒有看過鬼？是不是看到至親之後，死者就會難過得七孔流血？蔭屍可不可能會延禍子孫？死者會不會藉由託夢來伸冤？」可見很多人面對「死亡」時，習慣付諸鬼神的想像，當然我很尊重能夠「感應」得到、或是親眼見過鬼神的人。

自小，我骨子裡就是科學系統，所以面對死亡本身，還是習慣以科學的角度解釋。其實身體的組成就是一連串的生理化學變化，死亡後雖然不像生前能有各種生物反應，但身體內部卻正在進行另一種變化，這些有階段性和持續性的改變，就是所謂的「死後變化」。

舉例來說，曾在電視上看過一個「獵奇」節目。有一座在雲南的村莊，一戶人家十口，不知何原因接連身亡，且死後都像中國古代僵屍一樣，臉色鐵青，村里盛傳，一定是這家人遭到詛咒，因為他們的祖先曾經破壞過當地一處公廟的風水，這家人才會「不得好死」，節目上還秀出打著淺淺馬賽克的死者照片，我一看，很明顯地，這應該是慢性中毒的死亡特徵。

果然，有醫學團隊深入研究，從這家人的居家環境、生活習慣、飲食做全面性的調查，發現雲南盛產一種有毒素的菇類，吃了這菇類容易令人感到興奮，並緩解壓力，但長期服用會增加心血管疾病負擔，以致慢性中毒身亡；所以這家人並不是遭受詛咒而死亡，而是長期食用毒菇導致。

我相信任何死亡狀況都能以科學的角度解釋。我常常笑著跟朋友說，如果當法醫、當修復師那麼容易遇到鬼，還有人要當嗎？對我來說，鬼神是一種心靈治療，是一種精神上的信仰，因為相信，所以存在。信眾們因為「相信」，所以被歌功頌德、有響亮法號法師，就真的變成活佛了！

相較於鬼神，我更相信「緣分」，緣分跟信仰不一樣，緣分是隨機的，無論是法醫或遺體修復遇上的案件，都是緣分隨機的安排。試想，如果當天因為工作累了沒接到修復訊息，或者臨時有事請假，案件落在別的法醫身上，我也沒有機會接觸每件案件背後的生命課題，對吧？

緣分像一張連結網，常常案件了結，與家屬的交集才正展開，家屬似乎會以一生的時間感激我們的作為，當然我在乎的不是感激，而是能夠得知家屬如何從悲傷走出且康復，這才是最大的謝禮。這些緣分的延續，展現了生命的強韌，我相當珍惜且尊重每個找上門的人物、事件，更不會搬弄鬼神加諸於此。

有一位原先駐守在地檢署的社會線女記者曉鈴，個頭嬌小可愛，總是笑嘻嘻地叫我楊大哥。她是非常優秀的媒體人，尤其人家常講的媒體人要有的「新聞鼻」，她的新聞鼻特別暢通靈敏，只要署裡稍有風吹草動，消息還沒放出去，她就會先察覺，辦公室的門馬上「叩！叩！叩！」地響，一打開門：「楊大哥，聽說有事情發生了真的嗎？」我心一驚，暗忖著到底是誰把消息放出，一邊假裝沒事回應：「沒有呀，聽誰說的？」接著就會是曉鈴的一陣爆笑，新聞就這樣不小心被這聰明的女孩挖出來了。

後來，曉鈴因升遷的關係，調到南投擔任特派記者，但我們的緣分沒有隨變動而切斷，一直保持聯絡。有天，接到曉鈴電話說要到地檢署一趟，幾位同仁正討論要請曉鈴吃一頓飯、敘敘舊，沒想到曉鈴紅著眼眶走進辦公室。

曉鈴手上拿著一份報紙，報紙上有著用紅筆打星號的新聞，斗大標題寫著「大學新鮮人撞紐澤西護欄，面目全非。」曉鈴說報紙上那大學新鮮人是她的姪子，曉鈴已過適婚年齡，沒結婚、也沒有孩子，便把姪子當成兒子般疼愛。姪子晚間騎車載同學出門，回程路上經過重劃區整修道路，道路上放了紐澤西護欄，卻沒有任何警示與反光燈，當場葬送兩條年輕生命。

「抱歉，失態了。」曉鈴雙眼紅腫疲憊，環視辦公室後輕輕地說。

「有什麼需要幫忙的可以說沒關係。」

「楊大哥，可以請你幫我姪子做修復嗎？我想讓他面容完整地離開。」

「自己人怎麼可能不幫？你不要那麼客氣！」聽完我的允諾，曉鈴情緒漸漸平靜下來。

為曉鈴姪子做修復那天，第一次見到往生者母親，也就是曉鈴的姊姊曉慧。

「楊大哥，真的太謝謝你願意前來。」一見面，曉慧立即彎著身子一一向團隊道謝，眼看曉慧越蹲越低，像是要下跪，團隊們趕緊向前攙扶。

「媽媽不要這樣，我跟曉鈴交情好，算是替朋友做事而已，沒事的。」我趕緊回話。

修復進行得很順利，完成時已接近凌晨一點。步出修復室看見曉玲陪著曉慧守在外頭，團隊帶著她們進去看修復成果一邊解說。兩姊妹看起來相當平靜，曉慧微笑著對我說：「楊大哥，謝謝你把我兒子做得那麼自然，我真的不知道要怎麼表達對團隊的感激。」曉鈴拿了一大包紅包塞在我手裡，裡頭成疊鈔票。

「曉鈴，這我不能收，你這樣太沒意思了，我們是好朋友，怎麼能拿你的錢。」

看我把手中的紅包推回去，曉慧看起來有些慌張：「楊大哥，請你接受我們的感激，你們團隊辛苦一整天怎麼能不收錢。」

團員們已經疲憊得靠牆閉目養神，我再推下去就要天亮了。「不然拿車馬費就好，我們團隊也餓了，去吃個飯剛好。」結束這場人情戰。

聚餐完回到家，洗完澡已經凌晨三四點。突然手機螢幕亮起，有社群軟體訊息提醒，點進去一看，是曉慧的留言：「感謝楊法醫修復團隊大德，為愛兒保留自然容顏，親切無私待人的胸襟令人敬佩。」

順勢點進曉慧個人網頁一看，一則傳送給兒子帳號的公開訊息：「媽媽為了懷念你，申請帳號。我可以到你的網頁想念你了。」一陣鼻酸，親手拉拔長大的孩子，就在一瞬間天人永隔，只能依靠著留下的生活痕跡想念孩子、弔念孩子。

我回覆曉慧的留言：

「媽媽您太客氣了，百忙中還上來道謝。不知道該如何安慰大家，但願往後當您想起兒子，能夠提醒自己，雖然是短暫的緣分，卻是美好的十幾年。希望媽媽能慢慢走出傷痛，再次嶄露相片中美好的笑容，我想這是兒子最希望看見的。」

沒想過一段深夜的感性回覆，對曉慧起了悲傷輔導作用，我們成了朋友。兩姊妹時常和我閒聊，有時是曉慧傳送短訊寫著：一切安好；有時是曉鈴來地檢署敘舊，從愁眉苦臉慢慢重展笑顏，就這樣一路看兩姊妹從悲傷中復原，到現在，曉慧逢年過節還會託妹妹送幾包我喜歡吃的麻糬來地檢署。

如果我不認識曉鈴，就不會接觸到曉慧兒子的案子，也無法感受生命如何被巨大悲痛摧殘後一步一步康復，這些都是緣分帶來的禮物。

以前剛進行修復案子時，因為接觸許多窮苦人家，他們身上沒錢，但想替家人做修復，為了提倡「生而平等，死也平等」的觀念，我執業前期幾乎不收費，公益性地幫助需要的人。但後來修復行業興起，開始競爭，因為不收費，我的團隊被同業提告，業者和我談：

「楊法醫，我知道你是聖人，你不收錢幫助別人心腸好；但我們都有家要養，一收費我們變成惡人了。」

當遺體修復變成「行業」的時候，我不能因為自己的理念，就擋別人財路。但老實說，看著遺體修復行業漸漸壯大，實在不忍當初我們這些前鋒開出的道路，最後卻變成為了競爭而漫天喊價、惡性循環的環境，因此我衡量技術、材料以及殯葬費用，以屍傷分類（cadaveric classification）做五級收費標準，這是一個絕對衡量過良心的價錢制定方式。原先只是我與幾個同好團隊依標準收費，後來聽到業界最高收費標準是以我的分類為主，我相當高興，遺體修復行業還能守住良知。

只是比較可惜的是，這些業者獲得的珍貴生命教育，被電視台相中後都淪為鬼神的指引，不驚悚不吸眼球般地誇大故事內容。因此電視台的邀約，幾次經驗後我一概拒絕，以賺錢導向的組織都會覺得我難搞，但這是我對案件當事者的保護，對生命的尊敬、更是我對緣分的珍惜。

人跟人見面的那一剎那就是緣，尤其因為案件而相遇，雖然這緣分也隨著案件結束而淡去。但我始終這樣看待緣分，即便只是因為案件而與家屬有短暫的相處，我依然覺得很珍貴，因為別人遇不到；我跟我爸爸相處快五十年，看起來很長，但是當我爸爸過世的時候，我覺得五十年好短。

人的相遇是一個偶然，人的離去也是一個偶然，只要遇上了，在彼此生命留下或輕或重的足跡，都是一輩子最珍貴的珍藏。

貳

生命所不能承受之重

工作、學業、家庭、愛情……

人生中看不見的、層層疊疊的壓力，

這些生命所不能承受之重。

01 天秤的兩端

剛開始當法醫時，熱血沸騰，總想著一定要替亡者伸張正義，直到一件案件讓我學到，什麼才是所謂的法醫、所謂的正義……

「敏昇，準備了，市區有人墜樓。」檢察官呼喚。

每次聽到墜樓兩個字，都會忍不住碎念：「又是哪個不珍惜生命的笨蛋。」一邊整理驗屍包，一邊無奈地看著窗外傾盆大雨。

「要到現場，記得帶雨衣。」檢察官叮嚀。

「我們要去現場？是命案嗎？」

「現場回報死者是一位年輕女孩，身上多處傷痕。」避免命案現場被破壞，得盡快到現場勘驗。

一路看著窗外大雨，不曉得為什麼腦中浮現的是去年處理的一樁慘案，兇嫌在頭前溪橋上隨機撞人，搶奪財物後把受害人推下橋，導致女大生重傷身亡。

「這雨怎麼下不停？」

「下了快一個禮拜吧，都要發霉了。」經過頭前溪橋，車上同仁對梅雨季的抱怨沒停過，想到去年的驗屍現場也是這樣的雨勢。這雨，今天是不會停了吧……

到達墜樓處，通過封鎖線，死者被白布覆蓋靜靜躺著，血跡順著雨勢蔓延到腳邊，淡淡地暈開、沾染上鞋套。進到死者住家，窗戶邊放著椅子、前方擺有一雙高跟鞋，但奇怪的是，窗戶是關著的。

「有人動過這窗戶嗎？」檢察官問。

「報告長官，沒有。」現場員警回答。

奇怪的不只這點，地板上留有擦拭過的血跡，而椅子前方的高跟鞋，鞋頭竟然朝外，誰會要跳樓還坐著脫鞋子啊？很明顯地，是有第三人刻意製造自殺的假象，而且非常慌亂。勘驗後，死者身上多處傷痕，頭部更有明顯遭受硬物敲擊的痕跡，下體採集到精液反應，初步研判可能是遭強暴後推落，墜樓身亡。

究竟什麼深仇大恨一定要致人於死地？回程路上，腦袋停不下來，不斷思考各種犯罪動機，車上大家不發一語，今晚的頭前溪橋沒有路燈，在黑暗中向前延伸。去年差不多這時刻，車上也是為女大生驗屍後的靜默，也許當時大家各自猜想，女大生體內精液與犯罪動機的關聯性，兩案太過相似，互為殘影在思緒裡交叉出現。我搖下車窗透氣，雨勢漸漸小了。

隔天，案情有了突破性的進展，檢警找到一位劉先生，經詢問後承認與年輕女孩的墜樓案件有關。

「墜樓是意外，是她自己跳下去的，我真的不是故意的。」劉先生聲稱，他與死者慧珍是透過她男朋友認識的，兩人只是普通朋友，慧珍和她男友兩人都是販毒人口。

「普通朋友？那你為什麼在慧珍家？」檢警提出我心中的疑問，這男的簡直滿口胡言。

「是真的！是因為……」劉男否認得振振有辭，卻支支吾吾說不出原因。

「因為什麼？」檢警有些怒意。

「我和兩個朋友也想販毒賺一筆，知道慧珍男友有貨。所以他們拐慧珍男友到我住處賭博，我趁機到他家偷毒品。」

「然後呢？」檢警半信半疑。

「我到他家的時候剛好遇到慧珍回家，慧珍發現我要偷毒品，我們大吵，我情緒失控就抓她的頭撞地板幾下。她就昏了過去，我原本要拿毛巾替她止血，但她以為我要攻擊她，才從窗戶跳下去。」

「怎麼可能！」只要看過現場物證的人，大概內心都這樣想。簡直是一派胡言。最後經過一來一往的詳細偵訊，原來是劉男以為慧珍沒了呼吸，情急之下乾脆一不做二不休，把她從窗戶拋下，再製造自殺假象。

「那慧珍體內的精液怎麼解釋？」檢警問。

「蛤？什麼精液？」天啊！這男的可惡至極，姦殺人家還要裝蒜。

「那不是我的，真的不是我的！」犯嫌情緒激動地為自己辯白。劉男為了掩飾罪刑，說謊不打草稿，這下罪加一等，非得讓他認罪不可。

隔天一早，各大報以頭版大肆報導整起案件，斗大標題的寫著「死者體內殘留精液，劉姓涉嫌人疑似姦殺」，看到報紙莫名大快人心。我打了通電話給吳木榮老師：「老師，你有看到報紙嗎？這女生很可憐被姦殺，那兇手不承認自己強暴死者，還在嘴硬。」

老師聲音突然嚴肅起來：「這上面寫疑似，所以我們這邊還沒確定那精液是誰的吧？」

「……對，還沒。」面對老師的質問，我有些緊張。

「那你怎麼確定那精液一定是他的？」

我啞口無言……對啊，我為什麼打從心裡就篤定是犯嫌的？

「敏昇，剛做司法的都會跟你有一樣的心態，你們電視看多了，總認為我們做司法人員一定要抓出對壞人最不利的證據，才能將他繩之以法。」

「是。」我點頭，但心裡想：「對啊！不然呢？」

「請問你有沒有找對他有利的證據？就算他再怎麼壞，如果不是他做的，也要給人家清白。」老師繼續提點。

「是，我應該比對兇嫌DNA與精液是否同一人才對。謝謝老師。」我慚愧地對電話那頭的老師道謝。

這當頭棒喝，使我再度想起去年橋下女大生案件，偵訊時兇嫌也只承認自己搶劫後把女大生推落橋下，後來我們採集兇嫌的DNA與精液做比對。兇嫌在審問當中，以強硬的態度否認自己強暴女大生：

「就跟你們講，我真的只有搶劫她把她推下去而已，我沒有強暴她，我只是要錢而已，我強暴她幹嘛。」

「你態度可以再差一點，犯後態度不佳我們可以要求刑期加重。」大家幾乎被兇嫌吊兒郎當的回覆激怒。

「為什麼我沒做的事情要一直逼我承認！」兇嫌激動地捶打桌子。

「我們還是採集他的DNA做比對好了，說不定有其他共犯。」我看兇嫌這麼激動，整件事也還沒定論，不如先檢驗，或許有案外案。

檢驗結果出乎意料之外，精液真的不是兇嫌的！隔天新聞媒體立馬以驚悚「案外案」字眼，強調強暴犯另有他人。不久，一位叫阿龍的男子投案，聲稱到橋下小解時看見女大生倒臥地上，原先要將她送醫，發現她昏迷不醒，一時興起而強姦女大生，為了慎重起見，也採集阿龍的DNA與精液做比對，如其所言，真相水落石出。

今天的新竹一樣被梅雨襲擊。

「長官，能不能替兇嫌抽個血？」外面的雨大得幾乎蓋過聲音。

「怎麼了？」檢察官疑惑看著我。

「兇嫌一直否認精液是他的，我想採集他的DNA比對。」

隔天，我沒撐傘便跑到檢驗處領取比對報告。

「楊法醫，那個DNA和精液不是同一個人的喔！」檢驗人員遞上檢驗報告。

果然被吳木榮老師料中！在我們對劉男恨得牙癢癢時，老師一看現場照片直說這有問題，但當時只想將他繩之以法，並未太注意老師提出的疑點。現在回想起來，老師當時說了一句：「那女孩子牛仔褲穿得好好的，怎麼可能強姦完丟下去，又去把她褲子穿好。」

嫉惡如仇，是司法相關人員常犯的大毛病，這兩個案子給我很大的啟示。到學校教課時，我常跟學生耳提面命：「我們固然找對壞人不利的證據；相對的，不是他做的，我們也要幫他平反。」正如同我的老師不斷提醒，司法人員是矗立天秤中間的硬桿，衡量兩端的重量，過與不及都不是好事。

02 你的孩子不是你的孩子

我處理過幾件「殺子自殺」的案子，到命案現場看見一家人冰冷的躺在地上，孩子不過三、四歲，總忍不住搖頭。這篇故事，要講三起自殺案件。

某間旅館打電話到警察局報案，有一家四口在房間燒炭自殺。自殺和刑事案件有什麼關係呢？因為兩個孩子一個六歲、一個三歲，他們可能連自殺是什麼都不知道，就跟著父母一起燒炭，在這樣的案件中，父母親是自殺，孩子是他殺。如果父母親身亡了，檢察官可以依據刑事訴訟法的相關規定，作出不起訴處分，否則都必須負起刑事責任。

到現場四人皆已明顯死亡，孩子來不及長大就被剝奪生存的權利，令人氣憤難平，「要不是父母都往生了，就要以殺人罪嫌起訴他們，而且兩個小孩未滿十二歲，還要加重二分之一刑責，讓他們知道生存權是有法律保護的。」檢察官說道。

我發現死者留下的遺書：

「我欠下賭債，帶家人一起走。如果發現我們的屍體請打這支電話，通知我們的家人，謝謝，祝生意興隆。」

內容像是留紙條寫「暫時停車」「如佔位，請撥打電話號碼」一樣，幾句交代，不留任何感情，不說明剝奪孩子生命原因，彷彿以一種「孩子的生死我主宰」的自大心理，藐視生命的珍貴。

攜子自殺案件，還有一種可議的心理值得討論。在上生命教育課時，我問學生：「如果你們是父母，走到絕境了，會把孩子一起帶走嗎？」有學生回答：「家人都不在了，身邊也沒有人可以照顧孩子，與其讓他孤孤單單的留著，不如一起去天國。」也有學生反駁：「太自私了吧，自己死就好了，幹嘛帶小孩子啊！」正反論述吵成一團；我等大家安靜後，分享一個「慈悲殺手」的案例。

有一個同樣早逝的孩子，叫作菲菲。這天是菲菲的解剖時間，檢察官突然帶著媽媽阿春出現，阿春面容憔悴戴手銬、坐輪椅哭著進來，忍不住想責罵她，但也於事無補，我冷冷地望著她，表達對她最深切的責備。

「菲菲啊，媽媽不是故意要殺妳的，妳一個人在世界上生活，沒有媽媽怎麼辦啊！」阿春痛哭流涕重複呢喃自己「合理的」殺人動機。

阿春是單親媽媽，和丈夫離婚後，辛苦工作養活兩歲的菲菲，正當她才下了再苦也要撐下去的決心，突來的噩耗壓垮最後一根稻草。

阿春的丈夫開公司，阿春為他作保，公司倒閉後，阿春老公落跑到大陸避風頭，兩人離婚，以為財產已切割，沒想到阿春必須還清龐大債務，人生瞬間黑白，走入絕境。阿春想不開，又放不下愛女菲菲，想要帶著她走，遺書上寫著：「與其放菲菲一人留在痛苦的世界，不如我們結伴同行。」後，便在屋內燒炭。

就在阿春意識逐漸模糊，尚存一點清醒時，突然不忍心菲菲就這樣死掉，起身把昏迷的菲菲抱到屏風後，試圖隔絕一氧化碳的侵略。只是，孩子的身體比大人脆弱，阿春被救回時，菲菲已氣絕身亡。

阿春在解剖室哭斷腸，為時已晚，菲菲早已失去寶貴的生命。其實我也不忍這樣的場景發生，但攜子自殺事件太頻繁了，還是嚴肅地告誡阿春：「怎麼有那麼自私的大人，妳怎麼能剝奪菲菲的生存權利？她又不是妳的附屬品，她是獨立的個體，有自己的自由意志啊！妳怎麼知道她不想活下來呢？」

阿春從輪椅上站起，重重跪在女兒遺體前哭喊：「菲菲，對不起，媽媽對不起妳！」阿春的「對不起」就這樣獨自飄盪在空氣中，沒有任何人回話，菲菲也永遠聽不到了。

同學聽完故事，各個發出唏噓。

父母總覺得孩子的命運與自己緊緊綁在一起，深信自己是世上「唯一」最能照顧孩子的人，不忍心自己走了，丟下孩子一人獨自生活，所以孩子非得跟著一起走才行。將殺子動機合理化為「慈悲的謀殺」，阿春就是這類型的「慈悲殺手」。

最後一起案件則稍微幸運一些，但仍是令人心痛的悲劇。有天檢察官接到分局電話，匆忙要相關人員準備，趕到現場，我趕緊備好驗屍工具，跟著衝上車。

「劉檢，怎麼了？」我上氣不接下氣詢問。

「市區發生一起兇殺案，還有生還者，生還者已送醫了，才十二歲。」檢察官回。

到現場，發現一位年長男子，與十歲、七歲孩子倒臥血泊中，已無生命跡象。地板有血跡手印，是十歲長子遭刎頸時還未斷氣，試圖求生的證據，但殘忍的父親再補上一刀，斷絕生路。唯一的生還者是十二歲的姊姊，稍微幸運，只有氣管遭劃破，為了求生裝死，等父親自殺後再忍痛報警求救，但弟弟們遭殺害的景象已血淋淋印在腦海。

這位年長男子因懷疑老婆外遇，殺子自殺報復，留下一封充滿怨恨的遺書給老婆：「妳想往外飛我就讓妳飛，孩子我帶走，讓妳一無所有。」

我讀過一篇研究報導，為何孩子會成為夫妻間互相報復的對象？因為孩子是夫妻的結晶，若夫妻失和，有一方視孩子比對方重要的話，另一方就會對孩子產生愛恨矛盾的糾結感，衝動之下，孩子成為犧牲品。孩子的生命自主權在監護權下完全喪失，淪為夫妻失和的談判籌碼，何其無辜？

與生命的自我對話

孩子似乎成為父母的談判籌碼，要彌補他們吃過的虧、完成他們未達成的心願。但所有人倫悲劇的發生，也緊繫這層偉大的血緣，父母不小心就認為：孩子是自己的所有物，不禁讓人悲嘆「血緣關係的迷思」造就自私的大人。

曾有學生告訴我，他考上大學的第一份「禮物」竟然是爸媽的離婚證書……剛開始學生很難接受，但後來想想，父母也挺不容易的，竟然忍到自己考上大學才離婚。其實孩子的Tolerance（耐受度）沒想像中那麼差，反而是大人過於矯情糾結，總喜歡把責任歸咎於孩子……

身為父母，要學習、注意的事情太多了。孕育一個新生命，絕對是前所未有的挑戰與重責，但看著孩子成長，同時也是感動、是喜悅、是幸福。要如何在自我價值與孩子之間平衡拿捏，是所有父母一輩子的人生功課。

03 女兒，我不想忘記妳

在執業的過程中，我始終相信緣分的牽引，每接觸一件案子，都是生命邀請我走進不同的風景，感受其中情感的流動，不管結局走向圓滿或敗壞，我都感激這樣的緣分，特別是能將大愛傳散到社會的案例，都是我的福報。

在遺體修復的經歷中，這個案件處理困難度超過五顆星，二〇一二年台中一件車禍案件，十九歲女護理師從醫院實習下班，回家路途中遭預拌混凝土車前後輪輾壓，慘死輪下。

事發突如其來，張父說女兒離開醫院前還親暱地向他報備：「爸爸，我要下班囉！」怎料在短短的十分鐘內，老天爺無情地將寶貝女兒帶走了。車禍現場物品散落一地，女兒的美麗面容因受輾壓而破碎難辨，張父憑著一只斷裂的手鐲指認愛女身份，血肉模糊的慘景，張父張母的心也跟著破碎。

下班前夕，我接到在火葬場工作，有數面之緣的小夥子來電，他希望我替他好兄弟的女友做修復，我請小夥子先傳往生者照片供團隊評估與討論，一看照片，我們嚇了一跳，往生者不僅是頭部破裂，因為混凝土車前後輪共六個，且一台車少說重達二十四噸，死者幾乎是整個大體被壓扁，臉的輪廓遭壓碎，像是麵團被來回擀至平坦般慘烈。

以修復的技術來說，通常都會找臉骨突出的地方為支撐點，但往生者的骨頭已破碎到找不到任何支撐的中心點，更別說臉部比例的參考點，相當棘手的案件，但我想：「來了就是緣」因此答應了。

團隊開始修復前一定會先與家屬溝通、取得共識，也會先請家屬提供往生者生前的照片做修復參考。當天我們到火葬場，往生者的父母還沒抵達，往生者男友先行與團隊溝通，我問：「你能代表家屬嗎？」男子很肯定的點點頭，並提供多張照片，我們對修復的內容解釋一番後，才接著進修復室開始馬拉松式的處理工作。

我們依照團隊分工，將骨頭架構做好，修補臉皮，填充等等，工作將近六小時，好不容易完成了一部分，看著修復後重現的清秀臉龐，團隊們因為達成一項不可能的任務而沾沾自喜，我也為自己的表現感到欣慰，心想就算花費六小時，成果只要令家屬滿意，疲勞的身軀就像被注入活氧一樣，感到振奮。

團隊向家屬解說修復過程，張父張母哭著感謝團隊，一聽到家屬欣慰的回應，身心靈原本上緊的發條鬆開，突然冒出一陣尿意。

當時台中的火葬場還沒翻新，廁所圍牆高度不高，我們都開玩笑說可以一邊小解一邊看風景。當我越過圍牆看廁所外的人來人往，回憶這些無聊笑話時，發現張父張母一把鼻涕一把眼淚的經過眼前。張母用台語對張父說：

「阿丟毋像咧（阿就不像咧）！」

我內心大大的震盪一下，心想：「我們跟著相片一比一這樣做，怎麼會毋像！」

我瞇著眼睛再次確認眼前倆人是不是張父張母，嗯？沒錯啊，是他們啊！只見張父拍拍張母的肩膀說：「人家有幫我們做就很好了，而且又收得很便宜，很功德了！」這話聽在耳裡沒有安慰，反而覺得抱歉。

等到家屬離去，我以最快速度回到工作現場。

「你們知道剛才發生什麼事嗎？張媽媽不滿意耶！」我說。

「怎麼可能！剛剛他們都說很滿意呀！」團隊成員的表情瞬間緊繃，

不可思議的此起彼落回答著。

團隊透過火葬場小夥子詢問覺得不像的理由，張母才不好意思地說，因為她女兒是鄰家女孩型，修復成果好像太豔麗了。

「鄰家女孩？奇怪了，我們看照片就不是這樣的風格啊？」團員拿出女兒男友提供的照片，張母一看才發現，女兒這張照片是經過手機軟體修圖，變成韓系美豔女孩了。

這讓我更加堅定，往生者的照片一定得由家屬提供才行。

通常遇到挑照片的問題時，往生者的朋友都會很熱心的在社群網站上幫忙找漂亮的自拍照，或挑選覺得往生者會很滿意，也就是在社群網站上按讚數最多，或是修圖修很大的照片。

——但這並不是家人要的。就像雖然我太太很喜歡劉德華，但我明明不是劉德華，修復師卻把我做得像劉德華一樣帥，我家人看到一定會脫口而出：「這誰啊？」

「做得像」永遠比「做得漂亮」來得重要，因為那才是往生者在家人心中最真實的模樣。

此時已是晚上十二點，大家經過了六小時的修復作業，身心靈都已經非常疲憊，對於家屬的不滿，團隊們開始有異議：

「老師，不會啊，我覺得做得很漂亮。」幾位團員開始附和。

聽到這句話，心裡冒出了怒意，我能體恤團隊的辛苦，但修復的核心精神不堅持的話，又會有下一次的問題：「通常委託做修復的家屬都會很客氣的感謝我們，但就算我們認為做得很好了，家屬不滿意都是枉然。」

我在乎的「滿不滿意」不只對於修復成果技術性的檢視，而是修復後為家屬帶來的撫慰，即便家屬都會挾著感恩的心來看待修復成果，很少有「客訴」的狀況發生，但每一次修復，我都深切希望能在往生者與家屬破碎的心之間，搭建一座穩固的橋樑。家屬能因往生者屍首、面容完整的離去而得到撫慰，往生者也許在天之靈看見深愛的家人減輕悲痛，也能心無罣礙去向極樂世界。

由於隔天還有其他工作行程，對於團隊的爭議，我臭臉丟下一句：「如果你們覺得好，那就這樣。」就先行離去。

一整天折騰下來，回到家已凌晨兩點多，累得像條狗，除非天災人禍，不然我想我是離不開床與棉被的。只是，躺在床上還是難以釋懷，這次的經驗算是失敗嗎？下回應該要怎麼改善才好？

想著張父張母的客氣和感恩之心，想著想著……意識逐漸模糊。

不知睡了多久，手機突然響起，耳邊傳來熱鬧像是好友聚會的聲音：

「老師！我們大家在吃早餐。」

睡意還沒褪去，看了一下手機來電顯示，是修復團隊的成員。我驚醒，提高分貝：「你們瘋了嗎？怎麼沒有回家休息？」

「老師，因為你說我們做得再好，家屬不滿意也是枉然，所以我們就留下來重做了！」

這些孩子的精神令人感動，心中雖不捨團員們的辛勞，但也感謝這件案件讓團隊默契更加凝聚，他們懂得我所謂的修復精神了！

「老師，我們從填充開始重做，然後……」團隊一一報告工作過程，到家屬真正破涕為笑，當下好想立刻前往早餐店一一和團員們擁抱。「辛苦了，真的辛苦了，大家快點回去休息吧！」說一百次的辛苦了也不足以形容我的感動。

事後，張父包了一大包十幾萬元的紅包表達感激，團員嚇了一跳趕緊退回，只拿取一開始談妥的價錢，並決定利用這些錢買了香港到台北的來回機票，履行香港大學殯葬表演的邀約。

由於這次修復難度經驗特殊，我們計畫以女護理師的名字為主題，分享給全世界的殯葬同業，在向張父取得意願的電話中，我和張父說：「我把你對女兒的愛帶到全世界去了。」電話那頭，張父泣不成聲，以顫抖的聲音不斷道謝。

與生命的自我對話

半年過後，偶然看見電視上張父接受訪問，他向記者說：事發雖已過半年，夫妻倆仍需求助心理醫師，夜夜也需依賴安眠藥才能入睡。張父對著鏡頭將衣服打開，左胸口刺了愛女的肖像，張父說這個刺青就像女兒躺在他的胸口，靜靜地睡著：「修復師團隊把女兒做得太好了，很怕女兒燒掉後我會忘記她，所以才去刺青。這樣就再也沒人可以把她搶走了！」看到這裡，一陣為人父母才懂的酸楚油然升起。

張父的刺青就悲傷輔導的角度不見得是好事，很有可能因此沉溺事件與情緒，一輩子走不出悲傷。只是，父母對兒女的愛永無竭盡，失去兒女的椎心之痛，怎會有淡卻的一天？

04 人倫悲劇

排定十點的解剖案，已經九點五十八分了，家屬還沒出現。

「檢察官，要不要再聯絡一下家屬？」我問。擔心耽誤接下來的行程，內心不免有點心浮氣躁。

「法醫！法醫！不好意思！」一位年輕人氣喘吁吁邊揮手邊跑向我們。

「請問您是？」

「我是葉志隆的弟弟，葉映彤是我姪女，我代替我哥哥過來。」年輕人站定後仍上氣不接下氣。

葉志隆這個名字對我來說並不陌生，我們因為一年前的意外案件曾碰過面。當時葉志隆才三個月大的女兒葉映彤，因為保母照顧疏失，被棉被悶住，緊急送醫後雖搶救回來，卻因缺氧性腦病變全身癱瘓。葉志隆當時不過二十四歲，剛離職，還未找到工作，太太二十歲，年輕夫妻要怎麼負擔彤彤龐大的醫療費用及往後的照護工作？夫妻倆在醫院聽醫生解說後崩潰大哭，那情景看了鼻酸，沒想到一年後再見面，彤彤已是具冰冷的遺體。

事發當晚，彤彤被爺爺發現倒臥在床上，一動也不動，發現當時已沒有呼吸心跳。我們抵達現場，爺爺傷心欲絕的哀號：「我可憐的孫啊，怎麼那麼歹命，上輩子是做了什麼啊？」

「目前看來是窒息死亡，我建議做解剖。」我和檢察官解釋。

爺爺聽了更激動：「彤彤才一歲多已經受很多折磨，可以不要再解剖了嗎？」

「爺爺，我知道您捨不得，只要不是自然死亡都是刑事案件，我們得釐清彤彤的死因。」檢察官說。

「請問彤彤的父母呢？」我問。

「她媽媽早就跑不知道哪去了。」爺爺傷心的回。

原來，彤彤出院後，倆夫妻因為照護和經濟問題時常吵得不可開交，彤彤母親也越來越沒耐性，常常情緒一來就會失控責罵彤彤。一次被爺爺撞見，爺爺大聲喝斥：「不管彤彤變成怎樣都是妳的孩子，生了就要養。」彤彤媽媽歇斯底里大吼：「我受不了了！」桌上所有東西都成為發洩物，被狠狠摔在地板上。隔天，彤彤媽媽就跑了，再也沒回家。

「那爸爸呢？」

「我跟我兒子輪流顧彤彤。志隆比那女人還有責任感，他去便利商店上大夜班，也會去工地打零工賺彤彤醫藥費。」爺爺嘆了一口氣，眼眶再度濕潤，「他對彤彤很好，彤彤打針痛在哭，志隆也會跟著掉眼淚，歹命啦！」

爺爺跟著我們回地檢署做筆錄，葉志隆趕到，哭得非常傷心，但不曉得是我多心了還是真的是那樣，我注意到葉志隆在看女兒遺體時，神情有些奇怪，雖然淚流不止，但更像鬆一口氣。

葉志隆弟弟的聲音把我拉回現在。

「檢察官不好意思，我哥不能來，他現在在醫院急救。」

「急救？」檢察官問。

葉志隆弟弟的表情突然扭曲成一團，眼淚鼻涕管不住，一直往下掉：

「我哥哥太想不開了，他早上跑去海邊拿刀自殺，我來這裡是想拜託你們不要解剖彤彤的屍體。」他遞了一封信給我們，是葉志隆的遺書，信紙有幾處被水滴到變薄的凹洞，映襯潦草的字跡：

「檢察官、法醫、其他長官，你們好，我是葉志隆，葉映彤的爸爸。對不起，妹妹是我親手悶死的，每次打針灌藥的時候，妹妹都很痛，又沒辦法說話只能呻吟和掉眼淚，真的太可憐了，我不想讓她再那麼痛苦了，我承認我殺了我女兒，請不要再解剖她了。」

實在很令人同情，我和檢察官稍作討論後，還是因為不能違背程序，依然得解剖，我解釋：「葉先生，這處境真的很難過，只是因為這涉及到刑案，遺體是證物，所以我們還是得依規定解剖釐清，請你們諒解。」

葉志隆的弟弟終於忍不住，痛哭出聲。

解剖結束後，走出大門發現一堆記者在外頭等候，我緊張地轉頭問檢察官：「有放消息嗎？」檢察官：「沒有啊。」前幾個月有一樁也是人倫悲劇的社會案件被放大報導，導致當事人自殺的慘痛經驗，更何況葉志隆尚在醫院急救，不太適合說明什麼，我們趕緊帶著葉志隆弟弟從後門出去。

看到大批媒體，我非常詫異，檢察官也罕見地動怒。一回到地檢署，檢察官和葉志隆弟弟說：

「你待會出去一定會有記者追問你。你絕對不要回答任何問題。這報出去會影響很多人。」

他還搞不清楚狀況，無知地問：「為什麼？」

我這才娓娓道來前幾個月的慘痛教訓。

一位原來性情開朗的媽媽，生完孩子後罹患產後憂鬱症，性情大變，情緒起伏大，甚至不願意餵奶，孩子常常餓哭也不管，每天以淚洗面。一天，我們接到孩子父親報案：「寶寶喝奶喝一喝，突然吐奶就死掉了。」

一看寶寶遺體，我不禁生氣：「怎麼可能！我打死都不信，先生你可以說謊，但屍斑會說實話。而且，你小孩的臉上為什麼有一條一條的痕跡？那紋路很像你家的被單。檢察官這個一定要解剖！」

這對夫妻當場啞口無言。先生這才牽著太太的手自首：「因為太太產後憂鬱症，受不了把女兒悶死了。」

太太暫時遭到地檢署收押。先生拿出各種證明，動用多層關係，希望能把太太保出來，我跟檢察官建議：「要交保可以，但是一定要囑咐家屬，要把太太強制送醫。」交保當時，檢察官非常嚴肅地提醒家屬強制送醫的重要性。

守在地檢署的記者聽到這則消息，以「精神疾病母親，親手悶死女兒」為標題大肆報導，繪聲繪影描述死嬰生前被母親虐待，餓了沒奶喝等等，引起社會對家屬的一陣撻伐。社會輿論壓力下，再加上家屬並未對當事人強制送醫，不幸的事情還是發生了……

這位母親結束了自己的生命。

我們以這個慘痛教訓為例，告訴葉志隆弟弟事件的嚴重性，為了葉志隆好，絕對要守口如瓶。

有了前車之鑑，類似這樣的人倫悲劇發生時，我們都會非常謹慎的處理。因此檢察官動用公權力封鎖消息，為了保護當事人，下令警察不准透漏任何一點案情，分局長也打電話給地方報社，請求他們不要報導。

案件消息順利封鎖了，葉志隆很幸運的被救回來，康復中並接受司法調查，我們也請求社會處啟動輔導機制，希望能夠幫助葉志隆走出難關。

05 是誰「害」的？

合作久的人都知道，我在遺體修復的接案上有點任性——不替自殺者修復，即使有人透過人情或重金禮聘，一概無法動搖我的堅持，因為這是對生命基本的尊敬。

只是當身份轉換為法醫時，無法選擇驗屍對象，即便是自殺案也必須勘驗，因此聽到是自殺案件，只能暗暗在心裡碎碎念：「哪個不愛惜生命的笨蛋！」

可能是對自殺者一向頗有微辭，老天爺讓我在法醫職涯，度過最詭譎的一個秋天，兩個星期內發生三件自殺案件，都「幸運的」由我勘驗，年紀最小的才小學六年級。

十月中旬，天氣還像個大悶鍋，新竹的風也吹不走潮濕悶熱。

「不是秋天了嗎？怎麼熱成這樣？」同仁抱怨。

「地球壞掉了啦！」我開玩笑回答。

「敏昇，準備一下，一個自殺案。」檢察官探頭說。

正當要對「自殺」兩個字罵髒話時，檢察官再度探頭說：「唉！才國小六年級要升國一。」

「天啊！」兩字脫口而出，取代原想蹦出的髒話。

一到現場，房間圍上封鎖線，孩子在衣櫃裡用衣架自殺。

「毛毛啊！怎麼會這樣！我的毛毛啊！」媽媽癱軟無力跪坐在地，毛毛的爸爸雙眼紅腫，用僅剩的力氣攙扶老婆。孩子遺體抬出後，顧不得老婆，毛毛的爸爸追了上來，趴在遺體上痛哭。毛毛留了封遺書：

「每次考試，只要我考一百分，爺爺都會給我一百塊，國小的考試很簡單，所以每次考試都可以拿錢，那時候唸書好快樂啊！可是上國一暑期輔導，每次都考不好，老師說考不好是因為國小基礎沒有打好，可是我國小都考一百分啊！爸爸也覺得我退步了，為什麼現在唸書變成一個可怕的噩夢？」

毛毛父母都是高學歷，爸爸是科技公司主管，媽媽是高中老師，因為只有毛毛一個孩子，夫妻倆把所有關注都放在毛毛身上，尤其對課業要求很高。毛毛從國小三年級開始補習，假日也得把媽媽指定的評量寫完才能出去玩，毛毛的功課在班上名列前茅，只要毛毛沒考上前三名，爸爸雖不至於處罰，但都會正色嚴肅的對毛毛說：「退步囉！」

「我不知道這給毛毛那麼大的壓力，毛毛啊！爸爸對不起你！」毛毛爸爸在做筆錄時痛哭失聲。

案件結束後的這幾天，我不斷反省和檢視自己對小孩的態度與要求，會不會過於嚴苛、給孩子太多的壓力？一通電話打斷思緒。

「敏昇，我學弟啦，這週六我臨時有事，能不能跟你交換值班，幫我代班一下。」

「喔，沒問題啊！」

週六值班前，難得與女兒一起早餐，大概分享了毛毛的案例。

「毛毛好可憐，都他爸媽害的。」女兒用力戳了一下小熱狗。

「為什麼用『害』這個字呢？」其實我知道「害」這個意思，但想順便檢視自己有沒有「害」過兒女。

「因為他們根本就不知道毛毛會很在意大人說的話啊！」

看女兒振振有詞，我提心吊膽的問：「那爸爸有『害』過你嗎？」

女兒大笑：「我那麼聰明才不會被你害到！」

我忍不住笑出來，但也稍微放心，這女孩還是保有純真心靈的高中生。

進辦公室後，一些例行性的辦公，電話響起。

「敏昇，準備一下，自殺案，一個國三女學生跳樓。」

又是自殺！毛毛案才過三天，這回聽到自殺不是生氣，不是驚嚇，而是冷靜，像福爾摩斯一樣想要查出背後原因，除了驗屍包，還多帶了筆記本。

勘驗完屍體，現場有位哭得非常傷心的女性，為了瞭解女學生自殺原因，我向前關心：「媽媽，請節哀。」

這位女性抬起頭，因哭泣而疲憊的雙眼盯著我說：「我是小婷的老師，我姓劉。」

劉老師說，小婷是老么，和兩個姊姊差了十歲以上，小婷的媽媽患有中度憂鬱症，曾抓著她大吼：「都是他們逼我生你的，要不是他們逼我再拚一個男生，我才不會生你。為什麼你是女生，不是男生！」

因此小婷與媽媽感情疏離，爸爸也因為要照顧老婆，疏於關心小婷，兩個姐姐都已成年住外面，小婷是在孤單中長大的孩子。

「小婷在學校情緒很不穩定，上課上到一半會突然哭，也不和同學玩。我已經寫聯絡簿提醒過她爸爸，也打電話溝通過，沒想到憾事還是發生。」劉老師再度陷入自責的情緒中。

我安慰：「老師，你已經盡力，不要太自責。」

回到地檢署，檢察官拿小婷的遺書給我看：「你看，可憐的孩子，他不過是需要父母的關愛而已。」

遺書字字句句都在乞討，奢求父母未曾給予的關愛：

「我只是想要跟姊姊一起出國玩，為什麼我不能去？為什麼爸爸要拿愛的小手打我？媽媽都沒有幫我吹過頭髮，可是都跟姊姊一起出去弄頭髮，媽媽都沒有抱過我，我只是想要被你們抱一下，很難嗎？你們根本不愛我，我恨死你們了！」看完小婷的遺書，心中的波浪晃得更大了。

下班回到家後，一看見女兒，過去抱了她，女兒看起來很慌張，大概不太適應突如其來的「示愛」，女兒輕輕把我推開，不好意思的說：「爸爸你好煩喔！」然後笑著跑開。

睡前我傳了訊息給在外地讀書的兒子：「要準時吃飯，不要太晚回宿舍，有空回來和爸爸吃飯。」

五分鐘後兒子回覆：「ＯＫ！這個禮拜就回去。老爸你也別太辛苦，身體要顧！」

雖然和兒子常常沒有太多話可說，但收到兒子對我的在意，「害」我眼眶濕潤。

隔天，進辦公室不久，和同仁趕到某一流大學圖書館處理案件。

「唉！又是自殺案。這兩個星期是怎麼了？」檢察官忍不住嘆氣。

「但今天居然下雨了，終於沒那麼悶。」書記官看著窗外細雨說。

「是啊，這秋天太奇怪了，怎麼一直有人想不開？天空都哭了。」司機大哥也回應。

「爸爸節哀。」一位老先生坐在階梯老淚縱橫，直覺他是死者的父親，我和法警過去安慰。死者叫做博強，成績非常優秀，一路讀名校，到現在也唸頂尖大學研究所，因為不想讓父母失望，他對自我要求非常高，只要成績些微下滑就會加倍努力，不允許自己不是第一名。

「有天，我們接到學校電話，說明博強常在課堂上喃喃自語，對於考試反應激烈，只要一提到考試日期，博強就會失控大吼。我們嚇一跳也很自責，兒子唸書唸到精神異常，都是我們害的。」博強爸爸難過的說。

博強爸爸陪著博強做心理治療，看病吃藥，不再讓兒子獨自面對壓力，「我也有叫兒子放輕鬆，我們只希望他快樂。可是兒子回答我，小時候我們都叫他要考第一名啊，怎麼現在不用了？」博強爸爸眉頭深鎖，像是有千萬個懊悔折磨他。

後來，博強狀況好轉想回歸校園生活，「我看他變好了，就答應啊！根本沒好！我怎麼沒注意。」爸爸再度崩潰大哭。

出事那天，博強出門前對爸爸說：「爸爸謝謝你的照顧，我要走了。」以為只是平常出門時的道別詞句，晚上就會回來了，沒想到，博強就這麼從十三樓一躍而下。

「我真的好後悔兒子變成資優生，如果可以重來，我希望他平平凡凡過生活就好。」只是，一切不可能再重來了。

站在細雨中陪著傷心的父親，心裡想著：這一切到底是誰「害」的？

與生命的自我對話

每次處理因課業壓力自殺的案子，看著孩子們的遺書，我們不得不反省，除了社會價值觀給予的競爭意識外，父母親更要負起很大的責任。捫心自問，是否曾把孩子當成許願池，希望他們能夠達到自己的期許？

台灣的升學主義，就算教改經過多少次還是換湯不換藥，高學歷等於好前途的觀念早已根深蒂固。為了世俗說的「好的」前途，父母不願孩子輸在起跑點，從小補習，灌輸考一百分、考第一名、一定要贏的概念，卻忘了教孩子怎麼輸。

孩子們都在為了實現大人的夢想而努力，為了得到父母關愛而拼命，但其實孩子有自己的主體性，應該擇他們所愛、開創自己的人生。「升學不是一切，第一名不會永遠」這些道理我們都懂，但，我們卻都不是這樣教小孩。

06 阿良

偶然在網路上找資料看到一篇有關青春期的文章，文中寫道「青春期」（adolescence）這個名詞是二十世紀初美國發展心理學的發明，用來描述一段疾風暴雨、狂飆突進、迅速成長的青少年生命階段。

讀完文章，回想自己青春期各種「狂飆突進」的行為，例如不遵守校規、不交功課、頂撞父母，喜歡和朋友混在一起做傻事，以多種叛逆行徑，宣示自己可以脫離父母羽翼，急著漫無目的地飛往外面的世界。我想起一件過往的記憶。

青少年時期，父親因為職業關係，把心思放在受刑人感化上，但我

「另類」的小大人行徑很難不引起父親關注，因此只要時間允許，父親就會把我帶在身邊，對我軟硬兼施的「感化」。印象最深刻的是父親帶我進監獄裡寫功課，監獄裡有些學歷比較高的受刑人，父親會拜託他們教我英文和數學，也因此與人稱「監獄小天才」的阿良結緣，阿良只大我三歲，我們很有話聊。

阿良當年十七歲，和印象中凶神惡煞的受刑人不同，斯文、長相清秀，對獄友、長官很有禮貌，天資聰穎，高中考上名校，在監獄表現良好，常常被獄友選為幹部，熱心的幫大家服務，因為常和父親談心，倆人感情特別好。

「敏昇，別對你爸那麼兇。」阿良輕推我的頭，其實我也想不通為什麼青春期容易憤怒，對大人和世界的規範感到束縛極力想掙脫，面對阿良的勸戒，我總會耍嘴皮子：「荷爾蒙逼我的。」

「你還有爸爸媽媽在身邊照顧你，要好好珍惜。」阿良說。

「阿良，你沒有爸爸媽媽嗎？」我好奇地問。

阿良不太願意多說，只淡淡地回：「離婚了。」

一次，爸爸帶領為受刑人服務的社團到監獄去做志工，因為我放假在家沒事做，爸爸擔心我去找朋友胡鬧，因此帶著我一起當志工，其間都沒看見阿良身影，課程結束後聽見志工叔叔阿姨討論起阿良：

「原來阿良今天出庭啦，想說怎麼沒看到他。」

「阿良犯什麼罪入監的？」

「你不知道嗎？他和一群狐朋狗友凌虐一個輕度智障的少女，聽說好像是少女對他們罵髒話，他們就一起毆打她。」

「阿良？怎麼會！」

「唉，很可惜啦，那孩子父母離婚後跟阿公阿嬤住，以前都有爸媽關心，突然被父母丟下，跟阿公阿嬤也沒話說，個性就變得很孤僻，都不回家，就在外面交到壞朋友啦。」

凌虐少女？真的是我認識的阿良嗎？怎麼像是在說陌生人？瞬間感到和阿良之間有著遙遠的距離，因為太震驚，回家後把自己關在房間。爸爸察覺異狀：「兒子，你是不是不喜歡去當志工？」爸爸隔著房門試圖溝通，卻像在自言自語。

「爸爸帶你去當志工，是要讓你感受，這些受刑人跟你沒有兩樣，他們本性善良，只是因為環境關係走錯路了。」

「阿良也一樣嗎？那他為什麼傷害別人？」我忍不住回話。

「你先開門，我跟你聊聊阿良。」

爸爸說，自從父母離婚後，阿良深深感覺被拋棄，父親要他搬去和阿公阿嬤住，但阿良和兩個老人家很疏離，也找不到可以傾吐心事的對象，開始翹課，常在公園、廟宇附近閒晃，因此認識了同年的阿龍。

阿龍是單親家庭，媽媽改嫁後由阿公阿嬤養大，阿龍為了引起注意，常常在外偷東西、惹事生非，阿公阿嬤自覺管不動孫子，在阿龍讀完國中後就對他放牛吃草，放他在外自生自滅，曾經在雲林一帶加入幫派，後來帶著幾個小弟回到家鄉。

阿良和阿龍像天涯淪落人般惺惺相惜，和阿龍在一起，阿良感覺到類似家的溫暖和歡樂，阿良阿龍兩兄弟從此互相力挺，一幫兄弟到處玩樂。

案發當天，阿龍的小弟被一位翹家少女罵髒話，氣不過，要阿龍過來討公道，當時一群人對著才十三歲的少女辱罵，少女頂嘴，阿龍被激怒，揮了少女一拳。

兄弟們突然同仇敵愾加入毆打少女的行列。起初阿良站在一旁觀看訕笑，以為兄弟們只是想給教訓而已，沒想到事情越來越失控，下手越來越重，阿良在一旁想要阻止大家，大喊要出人命了，兄弟們殺紅眼，對阿良喊著：「你不打就不是我們的兄弟！」眼看少女就要奄奄一息，阿良趁亂逃跑報警。

「阿良沒有動手為什麼要被關？」我問。

「在一旁圍觀助陣，沒有阻止也算犯罪。且這群青少年人格和行為嚴重偏差，全被送進少年監獄感化，阿良的罪刑就比較輕。」爸爸說。

青少年的心思簡單，對善惡的分辨二元對立，認識的人非要是好人，才能確定自己的歸屬感是對的，記得當時聽到阿良沒有打人，心裡非常高興，央求父親明天帶我要到監獄寫功課。

隔天見到阿良，語帶興奮對他說：「阿良你沒有打那個女生對不對？」阿良看著地板沉默不語；我天真的繼續說：「沒打人又沒關係，幹嘛不講話？」阿良突然生氣對我說：「你根本不懂，我沒有阻止他們，害那個女生變成植物人！」

阿良跟爸爸說自己要回舍房，我呆愣愣地站在原地不知所措，阿良回頭看了我一眼，流下眼淚，那是我們最後一次見面。

幾年前，父親還在世時，我們聊起阿良，父親說阿良出獄後，重新回到學校唸書，現在是一間科技公司的主管，阿良為了贖罪，有經濟能力後，替受害少女出醫藥費，直到少女過世；阿良的重生與始終不變的善良，就像他那天在監獄走廊盡頭泛出的淚光，閃閃發亮。

與生命的自我對話

長大後當上法醫，遇到青少年犯罪、學校霸凌案件，直覺這群青少年的家庭教育一定出了問題，家庭是孩子人格和道德培育的第一站，如果家庭功能不能彰顯，例如父母對小孩疏於關心和管教、隔代教養阿公阿嬤不知道怎麼教小孩，小孩在家裡找不到認同感，容易在最需要被肯定和劃分歸屬感的青少年時期，受到朋友影響，因此交到壞朋友，造成行為偏差等犯罪問題。

父親說過，家庭教育很重要，很多青少年受刑人幾乎都是家庭教育出了問題才會一時走錯路，也因此當我在叛逆時，父親情願放棄升職遷調的機會，留在家鄉守住我們，不讓我們有學壞的可能；雖然當時還幼稚地希望父親遷調到別的縣市，不要管我，但現在很感謝父親為我們教育所做的一切，包含把我「抓」進監獄唸書，與阿良結緣。

07 像我這樣的人

「老師，如果你是女生，你會喜歡這樣的我嗎？」永田將電動輪椅速度調慢，為了和我並肩交談。

「會啊，你那麼有才華，會寫詩、寫小說，誰不會被你迷倒？」我是說真的，永田是學校中文系大四學生，去年才剛獲得小說新人獎，迷人文采讓他一度成為中文系紅人。

「可是我肌肉萎縮，終生坐輪椅，而且生活上需要別人照料喔。」

「這在瘋狂迷戀的狀況下，不會是問題啦！」愛情這種事，通常是沒有極限的。

永田是很有意思的學生，上過我的通識課後，常常找我聊天，問很多假設性問題，例如：假如能夠行走，他該不該單獨約那個女孩子；假設有個女孩很愛他，他該不該接受。所有的問題都藏著渴望，但渴望後，永田習慣加上但書，要讓大家考慮清楚，自己是需要被照料的人，也殘酷打破自己的妄想，再度瑟縮在沒自信的陰影下。

永田在最沮喪時曾經對我說：「我只是一個坐在輪椅上的人。」我試著將他從絕望拉出來，鼓勵他做任何想做的事。

偶爾在我面前沒自信的永田，大多時候笑臉迎人，人緣很好，雖然下課時他父親會準時接他回家，但社交活躍，加入校刊社，每週為報導忙採訪，過著充實的大學生活。永田熱愛文學，創作是生命的重心，也是永田最有自信的地方，剛獲得小說最佳新人獎時，同學們一片喝彩，拱他上台發表感言，上台後他驕傲地說：「我要用筆完成夢想！」整個人充滿光彩，閃閃發光。

上次談話之後幾個月，永田再度找我聊天，這次明顯感覺到盤旋在他上空的低氣壓，我們一貫邊走邊聊，然後到池塘旁的涼亭休息；但一路上永田不發一語，這孩子會突然黯淡下來，我直覺有感情的問題，但我打算先繞路提問，就怕一下子就觸動永田細膩敏感的神經：「怎麼了？校刊不順利嗎？」這問題很愚蠢，怎麼可能？永田最自信的就是創作了，但我還是小心翼翼逼近：「還是得新人獎，太紅了，你受不了？」這煩惱不是不可能，而且其實是想開玩笑緩和氣氛，但再次像石頭丟進水裡，有去無回。

「老師，我是不是不值得被愛？」永田終於開口，果然是感情問題。

「怎麼這麼想？發生什麼事了嗎？」

永田嘆了口氣後，開始訴說他的沮喪。永田與又甄都是校刊社的編輯，又甄非常欣賞永田的才華，常與他討論文學創作。又甄很照顧永田，只要有不方便的地方，又甄總是第一個向前幫忙，久而久之，永田對又甄產生情愫。

「我不清楚又甄對我的好是同情還是喜歡，為什麼要那麼照顧一個坐輪椅的人？」永田語氣聽起來有點生氣。

「我相信又甄真的把你當好朋友，我也會這樣照顧我的朋友啊，你不要多想。」我試著安慰。

「老師，我真的很喜歡她，她的善良親切都讓我有希望，像我這樣的人也有接近愛情的一天。」永田眼眶都是淚水。

後來，永田按耐不住對又甄的感情，鼓起勇氣告白，又甄卻毫不猶豫地說只是把永田當很好的朋友，希望兩人維持友情就好。

「我的狀況還是會讓很多人不敢靠近吧？不管我多有才華，我的身體就是有問題，像我這樣的人永遠不會有人喜歡啊！」永田悲憤的說道。

永田讓我領悟，人生最悲哀的事情就是「沒有希望」。這個領悟令人痛心，我找不到適當的例子能夠消除永田的質疑，只能寄託空洞的信念。但信念是支持人走下去很重要的東西。

「傻孩子，每個人都值得被愛，只是又甄對你的感情是友情而已，一定會找到相愛的人，你要相信自己！」

永田這次不再傻笑回應，眼睛底藏著無窮的悲傷。

隔天早上，我看到永田仍到課堂上課，心裡放下一塊大石，下課後我過去關心：「心情有好點嗎？」

「有，謝謝老師。」

「這就是失戀啊！你知道老師失戀很多次耶，最後還不是活得好好、吃得胖胖的。」

永田終於露出微笑，揮手與我道別，希望永田能夠慢慢恢復開朗，至少我看到他的笑容了。但事情總是發生得讓人措手不及。

兩天過後，地檢署接到一件案子，要到現場釐清死因。

「早上有人報案，看到一個清潔婦把屍體裝袋，放在公園的樹下。」檢察官說。

「蛤？這麼明目張膽、沒掩飾身份啊？」

「案情很奇怪，清潔婦好像不知道那是屍體一樣，大喇喇放在那，晨跑的路人看到嚇傻。」

「怎麼那麼扯？」這真的是我聽過最扯的事情，居然不知道自己清理到屍體！

「對啊，就不知道是自殺還他殺，所以要到現場去，聽說旁邊還有一台輪椅。」

到現場，警察已經圍起封鎖線，清潔婦和報案的黃小姐站在一旁。檢察官過去詢問案情。

「我今天早上清理池塘的落葉，看到有東西浮在那，還有一台輪椅，我用長桿把東西勾近看，還以為是假人模型，因為很白又硬硬的，很像坐著的人體模特兒，想說應該是有人惡作劇，就打包起來，等下垃圾車來要丟啊。」清潔婦說。

「我早上晨跑經過，就先看到阿婆先推一台輪椅過來放，然後又拖一包露出一隻手的垃圾袋，看了嚇一跳，但阿婆放好就走了，我向前一看，嚇死我，是一具屍體啊！」黃小姐回答。

鑑識人員打開垃圾袋，遺體側躺捲曲著；我向前一看，瞬間天昏地暗，是永田！

看遺體的狀態，死亡時間大約是七、八個小時前，因泡水太久，膚色慘白，身體已僵硬，清潔阿婆可能就是因為這樣才把屍體當成假人。

「先查身份。」檢察官交代警察。

忍住悲傷，我吸了一口氣：「我認識他，他是我學校的學生，名字叫王永田。」

警察一聽，想起昨天永田的父親有報案。原來，永田下午向學校請假後就失蹤了，手機還丟在地下室，完全聯絡不到。檢察官馬上連絡王爸爸前來認屍，王爸爸到場後，傷心欲絕。

我們調閱監視器，發現永田獨自一人行駛電動輪椅到公園投向池塘，自盡。在一旁的草叢發現永田的書包，裡面放著遺書，字字絕望：

「身體越來越痛了，只能坐在輪椅上真的很寂寞，渴望的自由，正常人的生活，這輩子不可能了。感謝爸爸媽媽的養育之恩，也謝謝朋友們的幫助，我走了，我靈魂自由了，勿念。」

與生命的自我對話

永田事件過後，有段時間難以入眠，我不禁思考，現在多元化入學，大學收學生容易，但卻沒有專責的師長或輔導老師，照顧身心障礙同學，如果學校能透過專案輔導機制，著重在身心障礙學生的心理發展，施行定期關心與協助；並且適時做校園宣導，呼籲同學用愛與包容，也許憾事就會少一些。

日後，陸續有機會到幾所大學任教，遇到自閉、過動、身障同學我都特別在意，除了包容，也更注意他們的身心發展，時常找他們攀談。我發現有些學生雖然身體有殘缺，但性格非常樂觀開朗，有些人會說他們很「勇敢」，這也沒錯，但就生命教育的角度看來，我想是他們對「生命」的認知，比我們有著更高的體悟——而那是他們不得不的選擇。

08 妳的樣子

剛結束遺體修復表演，團隊們在會場外休息閒聊，回味表演時觀眾熱烈的反應。八月的香港像個大蒸籠，才離開冷氣房不到十分鐘，汗水就能滲濕整件衣服。

香港的街景理應要有懷舊氛圍，但新式建築減損了老巷弄的韻味，只有街口紅綠燈噹噹噹急聲催促，叮叮車道與人行道並行，往前延伸，整個城市開始井然有序，香港的街景不是應該要擁擠凌亂嗎？一不小心就掉進迷戀過的老港片情節，那個舊香港藏有我年輕時候美好的觀影記憶。

正當陷入復古情懷，手機響起，是修復團員之一的阿漢，因恰好有殯葬案子撞期，這次沒辦法一同前來表演。

「喂，阿漢，怎麼打越洋電話啊？」

「你們表演完了喔？反應好嗎？」

「還不錯啊，會後有很多討論。怎麼了？」

「有個女生打電話問我們能不能幫她媽媽做修復，她說多少錢無所謂。」

「蛤？怎麼這麼好！該不會是詐騙集團吧？」

「哈哈，我也怕啊，才打來跟你討論，她聽起來很急。」

「我們搭晚上飛機，明天一早再討論吧，這麼好康恐怕有詐。」

掛掉電話後，和團隊們報告這項消息，團隊們可能工作完心情放鬆，開始胡言亂語，開起玩笑漫天喊價，討論起勁。

回國後，我與這位來電的白小姐聯絡，得知白小姐是因為母親得癌症化療，走的時候頭髮掉光，臉部潰爛，希望團隊能幫母親恢復樣貌，完整的離開人世。白小姐再次強調不管花多少錢，她都願意，只希望我們能幫忙。

子女的孝心，我當然願意承接，我請她不用擔心費用，我們會依照屍傷分類和材料費公道計價。

「只是，想先請您傳母親往生前後的照片，讓我們討論一下。」修復前最重要的，就是這個部分了。白小姐聽了似乎有些猶豫，停頓了一會說：「楊法醫，能不能跟您見個面，當面討論？」這下，換我有點遲疑，真的不是詐騙集團嗎？

赴約當天，白小姐旁邊坐了一位老先生。

「楊法醫，這位是我爸，他說無論如何都要和您見一面。」白小姐說。我伸出手和白老先生握手，白老先生手有幾處明顯傷疤，雖粗糙但溫暖。

「楊法醫，謝謝您，謝謝！」白老先生有著濃濃的山東腔。兒時村里也有兩位山東老兵，不禁親切了起來。

「楊法醫，這是我爸爸挑的幾張母親的照片，請您參考一下。」

已逝的白女士五官深邃，很有書卷味，即使年老仍有歲月增添的美麗，其中一張戴著紫色帽子的獨照，深深吸引我的目光。

「白女士真美麗。」我真心稱讚。

「謝謝，媽媽以前是校花喔！我爸爸希望媽媽容貌大概能恢復到百分之八十，不知道技術上能不能做到？」白小姐像是父親的發言人，白老先生沉穩地坐在一旁，像座安靜的山。

「還是要看您母親過世時，臉部的潰爛程度，能不能給我看看您母親現在的遺容？」我一邊收下戴有紫色帽子那張照片，一邊提出要求。

白小姐從手機傳了張照片給我。白女士的右臉因癌細胞擴散，潰爛程度嚴重，已能看見牙齒；頭部也因為開刀關係留下幾道疤痕。

我評估了一下：「白小姐，您母親遺容，我估計恢復七到八成左右。」

突然，白老先生啜泣落淚，我以為是因為無法百分之百恢復，讓他失望了。但沒想到他突然握住我雙手：「楊法醫，真的感謝，謝謝！」

修復當天早上，我們提早到現場準備，卻看見白老先生已西裝筆挺、身軀佝僂，拄著拐杖在門口等待，我趕緊向前攙扶：「白先生您早，怎麼這麼早就到？不好意思讓您等了。」

白老先生像對著兒子說話般，輕拍我雙手說：「沒事沒事，辛苦您和團隊，謝謝！」不一會白小姐出現：「楊法醫，不好意思，我爸爸堅持要提早到，說是不能讓您和團隊等待。」

相互打過招呼後，團隊向白小姐解釋我們的修復相關事宜，雙方都同意後，由於這次的修復工程可能會耗時很長的時間，團隊向白小姐提議，可先帶白老先生回家休息，修復快到尾聲，會再通知他們。

但白小姐與白老先生希望能全程在外等候，因為這是他們最後能替母親及妻子做的事情了。

我們帶著白家人堅定的心意，進入修復室。首先進行臉部潰爛的清創，去掉壞死組織。由於白女士皮膚的潰爛狀況很嚴重，需耗費一些時間；因此另一組人同時在一旁製作取代支撐臉部骨頭的模型。

對照白女士生前美麗的照片，不由得難過起來，再怎麼美好的事物終有消逝的一天，也許，修復工作就是盡力運用各種材料，幫家屬找回與死者最美的時光，也是最後的眷戀。不知為何，想到前些日子在香港街頭汗流浹背，懷念舊香港的景象。

修復過了四個小時，我們稍作休息，團員小廖脫下手套，出去上廁所，回來後拉高音調、不知所措的說：「天啊！白先生竟然還坐在沙發上等，怎麼辦啊？好怕老人家身體會累，還是請他先回去吧？」

出去外頭一看，真的看見老先生獨坐沙發，沒有脫去外套，也沒有卸下領帶，一樣西裝筆挺，什麼也不做，聚精會神地等在原地。

見了他的神情，不想多做打擾，只倒了杯溫水：「白先生，您坐在這等，身體要不要緊？」

「沒事，沒事，您辛苦了，謝謝。」白老先生的語調依然溫文客氣。

回到工作崗位，進入修復第二階段，塑型和上蠟補平。我們依做好的模型用黏土等材料依比例補上填充，再補平材料接縫，讓整體看起來自然連接，最後，由化妝師上妝，又經過四個小時，一切總算大功告成。

我們特地準備了一個驚喜給白先生：替白女士戴上照片中的紫色帽子。

白家人一進來看修復後的白女士，大家激動落淚，唯獨白老先生忍住情緒，輕撫妻子臉頰說：「玉鳳，妳還是那麼美啊！」白小姐跟我說，我們特地為母親戴上的紫色帽子，是爸爸送給母親最後一次的生日禮物：「真的謝謝您們，您們好貼心，真的很感動！」白老先生眼神落在那頂紫色帽子，再也忍不住老淚縱橫，激動向我們道謝。

後來得知，白先生是退伍老兵，年輕時因為生活窮苦，不敢妄想有家庭，但是遇上白女士，一個才二十幾歲的美麗女孩，竟然願意跟著自己組織家庭，並且深愛他，讓他從此有了歸屬感。白女士臥病在床期間，白先生每天守在身邊，堅持親自照料老伴。白女士過世後幾年，白先生難過得不吃不喝，他最大的遺憾就是，白女士漂漂亮亮跟著自己五、六十年，沒想到最後走了，沒辦法為妻子留一張漂亮的臉蛋。

白老先生與白女士的鶼鰈情深，深深感動著我，對於能接到白女士的案子我非常榮幸，我想今晚，兩人會在白先生的美夢重逢，西裝筆挺的白先生迎接美麗的白女士，優雅地跳著舞。

與生命的自我對話

白老先生的案子，讓我想起另一對鶼鰈情深的夫妻。

行動不便的年邁丈夫，發現在家中浴室身亡，檢方懷疑是心肌梗塞。白髮蒼蒼的太太帶著一位看起來才國小的孩子，原以為是孫子，沒想到是兩人的獨子。

原來，愛情長跑多年的兩人克服萬難結婚了，丈夫卻在新婚後不久，出了車禍昏迷。公婆和父母都曾勸她「再找個人」，但她決定留下來伴他餘生。或許是上天的憐憫，丈夫奇蹟似地甦醒，卻也留下嚴重的後遺症，行動變得遲緩，更別說外出工作。而原以為不能生育的兩人，十年後又再度見證了奇蹟……

遺體解剖後，肺部進水，確定是意外過世。身為專業的法醫，不該有太多的情緒，但看著「解剖結果」卻充滿著小確幸。「意外理賠金額」或許不高，但對孤兒寡母，應該有所助益。

09 「高材生」的命案

「回來就好，好好過日子」更生協會主委透過鏡頭，轉述宋佳佳與母親相隔十一年見面的情形。媒體從主角下車開始實況轉播：找不到家門、吃豬腳麵線、過火爐、剪頭髮，到最後和母親相擁而泣，宋佳佳的人生再度在媒體關注下重新開始。

宋佳佳十一年前犯下驚動全台的王水情殺事件，她與閨蜜蘇巧嫻愛上同一個學長，姊妹倆反目成仇，相約談判破局，宋佳佳情緒失控殺了一路相伴的摯友，並使用化學藥劑毀屍，最後被判十八年有期徒刑，服刑十一年假釋出獄。

這案子發生在新竹，我參與了驗屍，當時案件告一段落後，與同仁最在意的就是媒體誇大的報導。站在刑案的視角，這事件並不特別少，是經常發生的情殺案，只是案發現場在頂尖學府，兇手與死者皆為高材生，媒體便開始大做文章。

其實以犯罪心理學的角度，通常只要是謀殺熟人，嫌犯一定會想辦法毀壞屍體，企圖切斷檢方往熟人所為方向偵辦。加上對該案親身了解，宋佳佳並非刻意調製媒體所謂的「王水」來毀屍，而是情急之下，隨意拿起化學藥劑澆灑。

但是最會說故事的媒體，以聳動標題「高材生零EQ，過不了情關」「蛇蠍心腸高材生，調製化骨水殺閨蜜」帶領事件走向聳動，宋佳佳應該被責備沒錯，但這些標籤已超過案件本身的重量，為罪人架上最重的十字架；而各個驚悚的標題，看在蘇巧嫻父母的眼裡，難道不是二次傷害嗎？

這則新聞著實影響悠閒的週末午後，勾起十一年前對該案的痛苦回憶，蘇巧嫻五官腫爛難辨的遺體、蘇爸爸、蘇媽媽兩縷陷入絕望再也不相信任何人的脆弱靈魂，崩潰毀壞的模樣……

「蘇爸爸您好，我是楊法醫。」蘇爸爸攙扶哭到快昏厥的太太，雙眼無神地盯著我幾秒後，突然發狂似地大吼：

「你是楊日松嗎？不是的話就不要碰我女兒！」

這番不尊重的話使檢察官微慍：「蘇先生，我知道您很悲痛，但是各個地檢署都有自己的法醫。」

「我不相信你們！你們有楊日松強嗎？」蘇爸爸眼神滿是憤怒，直狠狠地瞪著所有人，彷彿對全世界吼出絕望。

「我女兒就是太相信別人才會這樣，我的巧嫻怎麼會變成這樣！」蘇媽媽跌坐在女兒遺體前，雙手打開，阻止任何人靠近。

現場僵持住，這對悲痛的父母築起一道牆，兩個人在黑暗中關起耳朵、閉上眼睛，不接觸任何援助，一起封鎖在女兒的死亡中。

「蘇先生不好意思，這是刑事案件，遺體是證物之一，我們要驗屍，您不能拒絕和反對，您能做的只是確認遺體身份。」檢警官口氣變得強硬。

知道長官就快發飆，我趕緊向前緩頰：「蘇爸爸，還沒向您自我介紹，我是長庚醫技系畢業，巧嫻是系上學妹。」即便在校期間與巧嫻不認識，我打算「靠關係」先卸下父母的心防。

「你是不是楊敏昇？」蘇爸爸突然想起什麼似的反問。

「是！」我小心翼翼回答，深怕蘇爸爸先前有什麼誤會，心防更難突破。

「巧嫻的同學跟我說，有長庚學長在地檢署當法醫，他們要我找你，說可以依靠你。」蘇爸爸暫時收起張牙舞爪。

「蘇爸爸，雖然和巧嫻沒有太多交集，但是自己學妹遇到那麼殘忍的事情，真的很不捨。」

「為什麼這麼殘忍！那個宋佳佳還來過我們家很多次，為什麼要這樣對巧嫻！」蘇爸爸再度潰堤。

每次只要遇到父母失去子女的兇殺案件，總習慣換位思考，如果我是當事人家屬心情會是怎樣，感同身受後，才能更柔軟的和家屬溝通。

「蘇爸爸，我無法幫您承受痛苦，但同樣身為父親，我能感受失去子女的悲痛。」

聽完我的話，蘇家兩老只是陷入深深的沉默，眼神透露著無語問蒼天的空洞。

我想，我面對的是對人性徹底失望、悲痛欲絕，失去愛女的雙親，再怎麼柔性勸說也無法取得兩老的信任。但是在專業程序上，仍必須秉持司法單位的獨立權，不可能依倆老的希望，交由楊日松法醫解剖。檢察官再次與蘇家協商，同意邀請楊日松法醫以民間專業人士的角色，與我們一同進解剖室，觀看相驗過程，好讓蘇家父母稍微安心。

進解剖室前，同仁紛紛警告，因為遺體被發現時還很新鮮，遺體上的強酸仍有腐蝕性，鑑識科同仁在現場採證時，沒脫掉摸過遺體的手套就直接擦汗，額頭因此脫皮。聽取了同事建言，我們帶上兩層抗酸手套才敢進行解剖，其間也必須不斷更換手套，以免強酸殘留，不小心腐蝕皮膚，勘驗下來換了四、五層手套。

「蘇爸爸、蘇媽媽，你們放心，我站在這裡看那麼久，吳木榮和楊敏昇兩位真的表現非常好，而且很專業！」楊日松前輩在法醫界德高望重不是沒有原因，驗屍過程中，他不斷稱讚我們，替我們做最有力的背書，只希望能安撫蘇家人讓驗屍順利進行；且也不越權，不但全程在一旁觀看，還適時協助司法人員和蘇家人溝通，是一位非常大器，令人尊敬的前輩！

驗屍終於結束，相關手續陸續進行，因為喉嚨太不舒服，我問：

「老師，你有覺得喉嚨怪怪的嗎？剛剛驗屍時一直覺得喉頭熱熱的，口水一直分泌，現在喉嚨很刺痛。」

「啊！糟糕，敏昇你快點去看耳鼻喉科，應該是呼吸道被遺體上的強酸灼傷。」老師著急地要我快點請假就醫。

到了醫院，果然是呼吸道灼傷，我們護了皮膚，卻忘記呼吸道才是最容易受到傷害的部位。

案件進入司法程序後，我和蘇爸爸、蘇媽媽成了朋友，他們在開庭前都會繞過來辦公室坐坐，聊聊心情與難以癒合的傷口。

「敏昇，我們最近想要把巧嫻的東西收一收，能捐出去的就捐。」蘇媽媽說得很像雲淡風輕，像在閒聊日常掃除一樣。

「真的嗎？」我問。

「有這個想法啦，畢竟巧嫻也離開一個多月了，生活還是要過。」蘇媽媽回。坐在一旁的蘇爸爸若有所思，沒有搭話。

「蘇媽媽，能接受巧嫻離開的事實是很大的進步，但我想你們可以慢慢來，你們已經很堅強了！這種痛苦換成是我，一輩子難以釋懷。」

蘇爸爸紅了眼眶輕輕地說：「我還是好想念巧嫻。」

「我也是，真的好想好想她。」蘇媽媽別過頭看向窗外，擦拭眼角淚水，嘆口氣說。

案件結束後，我們這些旁觀者的生活都回到正軌，井然有序的向前，蘇家人也彷彿消失，沒有人再關注。可是直到現在，這案子的判決我還是一直耿耿於懷，宋佳佳一路受良好教育，唸到頂尖大學的碩士班，相較於一些相對弱勢，因生長環境不佳、教育程度不高的犯案人，她應該要付出更高的社會代價，十八年的判刑真的太輕了！看著電視上的新聞畫面，我不禁想：

宋佳佳假釋出獄後人生可以重來，但蘇巧嫻呢？

與生命的自我對話

人生是奧秘的，很多時候我們有自主性，可以選擇、做決定，可是同樣地，我們時常也無能為力改變現況，就如同生與死，兩者都無法由自己選擇。當時巧嫻父母寄給我的訃聞，至今我還留著。他們以泰戈爾的詩開頭：

死亡像出生一樣，都是屬於生命的。
走路也要提起腳來，但也要放下腳去。

巧嫻：妳安心地走吧。就像妳平常出門一樣，展開妳那甜美的笑容，帶著大家的祝福，經由佛陀的指引，奔向更圓融的世界。

愛妳的爸媽

面對「死亡」，巧嫻的父母或許有著最圓滿的詮釋：「就像走路也要提起腳來，但也要放下腳去」。當人能勇敢地去愛、也勇敢被愛時，「生命」就有了意義，因為我們能實實在在地活著。

放下，不代表遺忘，而是永遠收藏。

叁

生命所不能承受之輕

突如其來的傷害、意外
被社會遺忘的角落、人們……
這些生命所不能承受之輕。

01 歐吉桑教會我的事

那個身影，有些駝背地靠坐在法醫室門口的椅子，層層疊疊的資料就擱在手邊，遠看像是做足準備的律師，氣勢如虹地要和你來場生死辯。

已經過一個多月了吧？

確切的日期早已被厚厚的公事覆蓋，但被歐吉桑緊抓，激動盤問的畫面揮之不去。

歐吉桑的兒子陳同學是個聽話的乖孩子，品學兼優，退伍前就應徵上著名科技公司的工程師，待遇優渥，前途一片看好，大學老師驕傲地為他在台北舉辦一場慶祝會，慶祝退伍也慶祝似錦前程。

聚餐結束時夜已深，陳同學開心地與大夥告別後驅車回新竹；凌晨三點鐘，擔心夜歸會吵醒酣睡中的父母，因此轉了個大彎，準備繞去南寮海邊待著，計畫天亮後回家，再與剛起床的父母道早安。

然而，一個轉彎，意外緊接發生，陳同學在產業道路上與對向來車對撞，對方是為了生活必須趕早市的菜販，兩個鄰居同車，行駛在如常的生活作息上。

這場車禍，為三個平凡家庭迎來悲痛的無常。

趕到地檢署時，三方家屬哭喊，指責對方不是，愁雲慘霧罩頂。在還沒有酒駕罰則的年代，車禍對錯的衡量較為相對，在車流量大的產業道路，酒駕那方刑責就會重一點。為了公平起見，我要求三方都抽血檢驗，明顯地，陳同學酒駕，兩位菜販沒有酒精反應，且幸運地，一位菜販存活下來。

正當我因為其中一位菜販的消息稍微鬆一口氣時，突然，有人使勁地抓住我——是陳同學的父親。歐吉桑力道大得像要把我靈魂搖晃出來，嚴刑拷打地審問。

「打死我都不信，我兒子這麼優秀怎麼可能喝酒開車？他從來不喝酒啊！」歐吉桑歇斯底里喊著。

但科學證據是一記熱辣的耳光，陳同學身上就是驗出一點酒精反應，檢察官詢問過昨晚聚餐的同學老師們，他們止不住眼淚，自責地承認，確實因為氣氛熱烈而勸了幾杯酒。

「楊法醫，一定搞錯了吧？我兒子很乖的，怎麼可能酒駕？」歐吉桑的情緒由激動轉為疲軟。我明白那不是問句，而是化為文字的哭嚎。我只能沉默地站在一旁，讓歐吉桑的第二次審問慢慢消失在空氣中。

處理完陳同學後事後，歐吉桑開始每天到地檢署報到，風雨無阻地坐在法醫室外的椅子上，顯然是針對我而來。

第一天看見這個情況，不免心跳加速，提高警戒，沿著牆壁慢慢接近：「阿伯您好，請問有什麼需要幫忙的嗎？」我禮貌性地問候，也不忘衡量能夠逃跑的距離，以備不時之需。

「楊法醫你好你好，辛苦你了。」歐吉桑臉上堆滿笑容，客氣地和我握手說：「沒事，我就來這邊看看，不打擾，你忙。」

連續幾天早上，歐吉桑都是笑笑地打過招呼，就靜靜坐在門口。

雖然我毫髮無傷，卻無法停止模擬遭到歐吉桑攻擊的各種情況……他是不是會拿硫酸潑我？還是會拿短刀刺殺我？每天戒慎恐懼，甚至有幾天和母親借了護腰，偷偷綁在腰上，想著：若被刺殺，應該還能起保護作用吧？

我猜不透歐吉桑的下一步，歐吉桑又安靜得像宇宙，只是穩穩盤踞在地檢署的一角，我們就這樣諜對諜地過了幾個星期。

大約一個月後，一天早上，歐吉桑拿了一些資料敲敲辦公室的門：「楊法醫，不好意思能不能請教一下？」

也許是因為連日來相安無事，原先的戒心消失，已把歐吉桑的存在當成辦公生活的一部分。

「沒問題，請進請進。」

「是這樣的，我看這份資料，它有提到大體有可能在幾個小時內，因為一些原因而釋放出一點類似酒精的成分，所以我在想，我兒子那個一點點的酒精成分是不是這樣來的？」歐吉桑清了嗓子慢慢地說。

原來，歐吉桑每天都坐在門口讀資料，等待論點充分時再找我討論。

有點心疼，這個與我父親年紀相當的老人家，深陷在兒子的死亡無法自拔，想在百分之九十九已確認的事實中，找到百分之一的翻盤機會，證明他的兒子純潔如初，滴酒不沾。

也許不捨驅使我與歐吉桑親近，時而請他寬心，也與他討論大體的各種可能性，但我心裡清楚，陳同學體內的酒精不是任何大體產生的變化，就是生前的那幾杯酒。

幾次討論後，歐吉桑像是吃了顆定心丸，對自己翻盤的勝算萌生信心，再也沒到地檢署報到。

車禍的訴訟很漫長，偶爾到法院開庭時，會遇見歐吉桑正要出庭，我們短暫寒暄後各自忙碌。一次又在法院偶遇，歐吉桑興高彩烈地跑來：

「楊法醫，我跟你說我又找到新的證據了！我去請教清大的教授，他說大體的變化有可能會產生某種成分……」

雖然歐吉桑精神抖擻地講述一切新發現，但我明顯感覺到歐吉桑的衰老，他銀色的髮絲在燈光下閃閃發亮，臉上即便是笑著的，眉心間的皺摺也沒有鬆開的跡象……

「白頭髮怎麼變那麼多？」我問。歐吉桑報以沉靜的微笑：「沒關係，老了就是會有白頭髮。」歐吉桑低著頭沉默一會，像是在搜尋適當的字眼，接續我像家人般的關懷。

「楊法醫，我不是為了錢，是希望給我兒子還個公道，我相信我兒子開車很小心，一定是他撞我們的。」歐吉桑吸了一口氣，聲音中帶著無力。

頓時，我腦海閃過職涯中所有的檢驗細節，我擅長與死亡對話，找到證據，釐清死者生前最後的遭遇；但若有緣分，該怎麼協助活在死亡陰影下的家屬？雖然輔導家屬並非法醫的職責，只是，自從歐吉桑抱著層疊資料闖進我的辦公日常，他早就在我生命留下深深印記了。

快速掃描歐吉桑的身影，歐吉桑的眼神透著堅決，卻看不見生的氣息。如果頭頂覆蓋的一片銀白是證據，也只是歐吉桑心靈死去的軌跡。我努力抑制想掉淚的衝動，歐吉桑卻簡單揮揮手，走進法庭。

那是我們最後一次見面。

兩年後的一天，我一如往常忙碌於鑑定文件埋首公文。地檢署的學弟突然進我辦公室，如鯁在喉。

「發生什麼事？」我小心試探。

「學長請過來一下。」學弟面色凝重地走出辦公室，我忐忑不安跟了過去。

「學長，你記得以前常常來找你的歐吉桑嗎？」

我下意識地往角落的椅子一看，「記得，怎麼回事？」

「我今天驗到他。他心肌梗塞，猝死在家，研判可能是積勞成疾。」

據家屬所說，歐吉桑生前的每一天都在懊悔，懊悔自己找不到有力證據為兒子平反，短短兩年間，黑髮已全變白髮……我靜靜地聽著學弟轉述，巨大的悲傷從心底湧出，恍惚中，我好像看見歐吉桑抱著成疊的資料對我揮手，陽光灑在銀白的髮絲，發出雪亮光芒，歐吉桑沉靜地笑著。

與生命的自我對話

日後，因為教授生命教育的緣故，我時常舉歐吉桑的例子，希望學生們能同感於這份珍貴的生命啟示。學生在上完我的課時，都會給我不錯的教學回饋，例如：「老師，如果我爸爸像你一樣該有多好」「謝謝老師總是能有溝通的空間」，收到這些回饋時，我反而會嚴肅地跟學生講：「你們這些小孩，從現在開始要學會對家人好，你們這些人每個禮拜來聽我嘮叨，還這麼感激我，可是我講的話和你們的父母沒有兩樣。」

年少時總嫌父母煩，可是一旦出事，無條件為自己奔波的，就只有父母。每當接觸到白髮人送黑髮人的案子，有的為孩子心碎到遍體鱗傷，有的為孩子散盡家財……這些父母都會讓我想起歐吉桑。也不曉得學生們能夠聽進多少耳提面命，但，我從歐吉桑的經歷中學會珍愛父母的關懷——因為父母的愛，真的是這世上最珍貴的禮物。

02 六吋悲傷

「哥哥，你回來啦！」安娜一邊把母親的手放在脖子上，一邊和我打招呼。「阿嬤，來，一、二、三。」安娜使出吃奶的力氣，將母親從輪椅撐起再移到床上，「阿嬤，愛睏啊，倒好（台）。」安娜像在安撫小孩般唸唸有詞，動作熟練俐落，幫母親脫掉外套、躺平、蓋上棉被，「阿嬤，緊睏喔！」安娜關上燈。

母親因為輕微失智，安娜是我請來照顧母親的看護，來自印尼，在台灣已有八年的時間。安娜個性親切細心，對母親的照顧無微不至，像照顧自己的母親。安娜因為家境貧苦，家鄉人口幾乎外移到其他國家工作，男性做勞力活，女性當看護。到台灣工作，薪資是家鄉的兩三倍，為了改善生計，哪怕是偷渡也要想辦法離開困苦的印尼，安娜和丈夫商量後，決定到台灣從事看護工作，離開時女兒才一歲。

「MaMa！」「Oh，My Cutie！」晚上八點，是安娜與家人聯絡的時間，安娜常看著手機螢幕裡已經讀國小的女兒和先生，拉高音調撒嬌。有時恰好經過，安娜會熱情地把鏡頭轉向我們，讓家人打招呼，簡單照面後，我就會快速淡出螢幕，把短暫的天倫時刻還給安娜。遠看安娜對螢幕又哭又笑，卻只能摸摸螢幕，無法真實觸碰最愛的家人，暗暗替她感到難過。

一天上班時，突然接到安娜電話：「哥哥。」電話那頭泣不成聲。

「怎麼了？阿嬤怎麼了？」我嚇得無法控制音量，大聲詢問。

「不是阿嬤。哥哥你可以幫我嗎？」安娜邊哭邊說。

「你等哥哥回家，我現在趕回去。」實在一頭霧水，到底發生什麼事？難道是媽媽跌倒了嗎？立刻向長官請了事假回家。

一開門飛奔到媽媽身邊確認無礙，我轉向安娜詢問：「你怎麼了？慢慢說。」安娜把皮夾打開，左邊放著全家福照，右邊是和一位看起來和她年紀相當的女性，兩人在相片裡肩搭著肩笑得燦爛。安娜指著右邊的照片說：

「哥哥，她是我好姊妹，我們一起過來台灣的，她摔死了。」

「蛤？怎麼會這樣？怎麼回事？」

阿另和安娜是從小玩到大的好朋友，兩姊妹一同赴台，安娜告別家人，阿另告別男朋友。到台灣後阿另被仲介到彰化當看護，負責照顧一位行動不便的老先生。老先生和太太同住一間由鐵皮屋搭蓋、只有一層樓的平房，屋裡格局簡陋，門外堆放不同種類的回收物。家人為了讓阿另就近照顧老先生，在老先生床旁邊準備了一張木頭做的長型矮桌，上面放張薄薄的床墊，就給阿另當作床，因為寬度有限、桌腳不穩，阿另只能平躺，無法翻身。

除了沒有私人空間，老太太還會要求阿另一大早騎腳踏車四處撿回收物，如果阿另沒有撿到一定的量，中午過後得繼續撿。兩方語言沒辦法溝通，就算和仲介反映，仲介也只會說：「他們都有按時付你薪水，你就忍著吧，工作不好找。」

就在阿另最難熬的時候，故鄉的男朋友和別的女人生小孩了，晴天霹靂的消息，讓阿另再也承受不住委屈，從雇主家逃跑了。

阿另逃跑後，便去山區工廠工作。山區的工廠是逃跑外籍勞工的集散地，掙脫委屈、勞資不公、虐待而來，想在這裡重獲尊嚴。阿另每天站在生產線上工作，工時一天十小時，吃得簡單、住得簡陋，但至少睡覺能夠翻身，也不必到處撿回收物。只是這樣的黑工，需要承擔風險，警察隨時可能來盤查，山區沒路可逃，因此常有黑工摔死山區的傳聞。

阿另在工廠交了新男朋友，剛開始兩人進行得很順利，久了之後阿另發現男友酗酒，有酒後鬧事的脫序行徑。「我就跟她說這個男的不好，阿另聽不進去。」安娜說。

果然，這個緣分再度將阿另推入絕境。

一天晚上阿另依約到便利商店門口找男友，遠遠就聽到咆嘯聲，走近一看，酒瓶散落一地，男友正跟友人起口角，兩人互抓著衣領不放。阿另衝過去把男友拉開，但瘦小的體型猶如小貓對上大象，對方手一推，阿另摔倒在地；男友見狀更為失控，抓起地上酒瓶往對方頭上砸，三四個人就扭打成一團。

眼看衝突越演越烈，店員立刻報警。警察一到，逞兇鬥狠已激化到有人拿出小刀試圖刺殺對方，警察對空鳴了三槍，阿另被槍鳴聲嚇得拔腿就跑。阿另躲回山上工廠，打電話給安娜，安娜要她先查看逃跑的路線，因為警察逮捕她的男朋友，山區工廠絕對會被盤查。果然不出安娜所料，隔天晚上警察就上門盤查，同事拉著阿另往山上狂奔，因為夜晚視線不佳，阿另跌落山谷，當場身亡。

「我今天接到警察的電話，他說我跟阿另通最多電話，所以聯絡我。阿另摔死了，我不知道要怎麼辦，就打電話給哥哥。」安娜邊啜泣著說。其實我也不確定該怎麼辦，只能陪著安娜先到警察局。

到了警局表明來意後，其中一名警員先前碰過面，認出我來：

「楊法醫，怎麼在這？發生什麼事了？」

「羅Sir.您好，我陪我家看護來一趟。」大致解釋後，羅警員說已聯絡上阿另的家屬，阿另的爸爸最快要後天才能來台處理。

「羅Sir.，阿另爸爸有說屍體要火化還是運回去嗎？」我擔心運送屍體的費用太貴，阿另家屬會有困難，且屍體得做防腐，所有費用加一加絕對要一、二十萬台幣。

「阿另父親說還在衡量，請我們先不要處理，一定要見到女兒最後一面」羅警員回答。

過了兩天，阿另的爸爸來到台灣，和安娜聯絡上，雖然在台處理後事會有相關人員協助，但因為都不是熟人，爸爸不放心，因此安娜拜託我一起陪同阿另爸爸處理相關後事，也有可信任的人得以諮詢，我二話不說答應。

到殯儀館時，阿另的爸爸早已守在女兒身旁哭腫雙眼，安娜簡單介紹後，阿另爸爸急著問把遺體運回印尼需要多少錢，不願把女兒多留一秒在這傷心地。

「爸爸，依我的經驗，通常要幫大體做防腐，因為運送費最便宜的是海運，海運耗時較久，一定要防腐，加上棺木的錢，少說要二十萬跑不掉。」安娜翻譯給阿另爸爸聽後，爸爸陷入絕境般崩潰痛哭，跪在女兒面前喊著。

「爸爸，我的建議是把錢省下來，讓阿另在這裡火化，再把骨灰帶回去。」雖然印尼的家人不能見到阿另最後一面，但這是最實際的作法。聽完安娜的翻譯，阿另爸爸激動地大吼，語氣充滿悲傷、憤怒與無能為力，安娜向前試圖安撫情緒，同時轉過頭略顯不好意思的對我說：「哥哥對不起，嚇到你了，阿另爸爸說這樣處理不能接受。」

面對阿另爸爸的咆嘯，我沒有太多情緒，因為同樣身為父親，完全能夠同理他的心情，如果是自己的女兒客死異鄉，絕對會想盡辦法把遺體完整運回家鄉。只是我認識的外籍勞工，大部分都是因為家境問題才赴異鄉打拼，既然死者是家裡的經濟支柱，這筆龐大的喪葬費應會是家屬的重擔，這樣的處理方式可以省下一筆花費。我和安娜說：「請替我安慰阿另爸爸，我也有個女兒，我能理解他的心情，會這麼建議是擔心對他們經濟負擔太大。」

阿另爸爸不知道在阿另遺體前跪了多久，殯儀館只剩下鐘擺規律向前的聲響。突然，阿另爸爸起身走向我，緊緊握住我的手，對著我說話，情緒已不再激動，像是交代事情般，聲音雖有疲累、但鏗鏘有力。

「他說他決定要先將阿另在台灣火化再帶回印尼，想做簡單的告別式。」安娜眼框都是淚地轉述。

我聯絡殯葬業者朋友，請他們幫忙做簡單法事。

阿另爸爸這時突然拿起手機拍攝阿另的遺體，我大吃一驚，好像沒有遇過這樣的「習俗」，是習俗嗎？幾分鐘後，阿另爸爸手機鈴聲響起，兩端開起視訊。另一頭傳來嚎啕大哭的聲音，是阿另印尼的家屬，阿另爸爸拿著手機環繞現場一圈，再將手機鏡頭對準阿另的遺體，對家人說了幾句話，兩端再度陷入崩潰的情緒氛圍中。

我才知道，對著遺體拍照並不是習俗，是因為機票太貴，其他家屬短時間內要申請出國也不容易，阿另爸爸把愛女的遺像傳給印尼的家人，告訴他們阿另現在很安詳，印尼家屬隔著視訊與阿另最後一次相聚，在兩千公里遠的家鄉，陪著阿另走完最後一程。

六吋的手機螢幕是阿另與家人最後的連結，此情此景是何等無奈與悲痛，誰能夠想像摯愛客死異鄉，卻無法陪在身邊走最後一程呢？

03 我想有個家

一早剛到辦公室就接到出勤通知。

「去戶政事務所？」我滿臉問號。

「對啊，早上員工發現頂樓樓梯間有人上吊。」檢察官邊收拾資料邊說。

「是員工嗎？」

「好像不是，沒人認識他。」帶著疑問，我們前往案發現場。

「你們公家機關被侵入，沒有人知道喔？」「公家機關耶？怎麼會那麼容易被入侵？」到現場，我們忍不住調侃在公家機關服務十年的老劉。

第一次遇到這種狀況，老劉自己也忍不住笑起來：「楊法醫，不要再笑了，大家都覺得荒謬，怎麼會發生這種事。」原來，戶政事務所和旁邊大樓有一個共用的階梯，這個想不開的年輕人竟跑來頂樓自殺，看起來二十出頭而已，屍體還是新鮮的，大概凌晨左右才發生的憾事。

「目前找不到身份，他身上什麼證件都沒帶。」檢察官轉過頭看我。

「先採檢指紋好了，查看看身份。」我說。

年輕人孑然一身，跑來這裡尋死，大概是不希望被指認吧，偷偷躲起來，孤單的離開。

隔天身份確認，死者叫林小志，父母都還健在。決定先聯絡父親，結果電話撥通後，得到的是小志父親「不克前來」的回覆。

「怎麼回事？這孩子也太慘了，該不會是缺乏父愛而輕生吧？」我忍不住猜想。原來，小志的父母在他五個月大的時候就離婚，之後小志就沒再見過父親了。

警方接著聯繫小志的媽媽。

「喂，你哪位？」接起電話的婦人口氣聽起來相當急躁。刺耳的回應從話筒裡傳出。

「林小姐您好，這裡是地檢署⋯⋯」

話才說一半，婦人就急著插話：「蛤？地檢署？你打錯了，我又沒發生什麼事。」聲音大得就連在話筒外的我們也聽得一清二楚。

「林小姐，請聽我把話說完，你的兒子小志，昨天凌晨在戶政事務所上吊輕生，想請你過來一趟。」

「⋯⋯⋯⋯⋯⋯」電話那頭突然一片死寂。

「喂？喂？」

「嘟嘟嘟⋯⋯」電話被掛斷了。

辦公室一片安靜。所有人頓時不知該說什麼。

不一會，電話響起。

「那個，我是林小姐，小志的媽媽。不好意思，我剛剛有點嚇到，沒想到會是這樣。」林小姐的態度和剛剛大不相同。

「沒關係，請問您能過來地檢署一趟嗎？」

「是這樣的，小志大概兩歲時，我就離家出走，沒再見過他。我承認我是失職的母親，要怎麼責怪都無所謂，但是我沒有能力也沒意願處理，因為我已經另組家庭了……」

「很傷腦筋，這樣小志怎麼辦？兒子最後一面你也不打算見嗎？」每次遇到家屬不願意認領屍體的狀況都很為難，因為認領兒女屍體的一定是要是父親或母親。

「不了，我已經不認識他了。我走的時候他姑姑有照顧他，請你們聯絡他姑姑吧。」可憐的孩子，年紀輕輕就沒有原生家庭的溫暖。

終於，聯絡到姑姑，世界上唯一一位為小志死亡哭泣的人。

我們向姑姑說明，小志父親或母親一定要簽委託書，才可以代為認領遺體，姑姑難過地允諾會辦妥。

約定前來這天，姑姑由陪同的男朋友攙扶，面容憔悴，一路哭進法醫室。「這孩子真的好可憐，那麼年輕怎麼想不開？好捨不得……」小志是姑姑帶大的，小時候常黏著姑姑撒嬌，說學校發生什麼事；姑姑沒有孩子，也盡可能希望讓小志有「家」的溫暖，努力賺錢供小志讀書。

「小志有點自卑，他跟我說別人都有爸爸媽媽，為什麼我沒有？我有跟他說你有姑姑啊！他就一直哭說他也想要有爸爸媽媽。」姑姑再度放聲大哭，撕心裂肺喚著小志。

「到了高中，小志的話變得很少，也不跟我聊天了，我想說他青春期叛逆而已，可是某一天他出門就再也沒回來過了。」姑姑認為如果她當初沒有放棄尋找，小志也不會結束生命。

「我永遠記得小志離家出走前，我叫他吃飯，吃一吃他就跟我說，他想要有一個家，我跟他說這裡就是你家啊，他好像在生氣，有看到他擦眼淚。」

「姑姑你願意過來這裡，小志一定很高興，你不要那麼自責，該慚愧的是他的父母。」我趕緊安慰。

見姑姑沒吭聲，我忍不住拋出心中疑問：「小志爸爸都可以簽委託書了，為什麼不願意來看他最後一面？」

「我也有勸我哥來，可是……他說不想再跟這小孩有瓜葛，他說會讓他想到小志媽媽的事情，他都不願意做。」姑姑的聲音無奈又虛弱。

原來小志爸爸受到妻子背叛，恨之入骨，恨到讓孩子獨自躺在冰櫃也事不關己。小志要的不過是一個「家」的感覺，卻因為大人複雜的世界，讓孩子孤零零一生，就連到了人生的最後，還是等不到生前的盼望……。

「楊法醫，怎麼辦？我是低收入戶，沒有能力負擔小志的殯葬費。」

小志姑姑因為抱歉而雙頰泛紅，眼淚再度滾滾落下。

「姑姑，我有一個建議，因為你姪子的遺體很完整，讓他做一件好事，就捐給中部遺體中心做大體老師，給醫學院的學生做解剖教學，課程完成後，他們會幫小志火化，做儀式，入塔位。」通常遇上沒有能力處理遺體的家屬，我們都會這樣建議。

姑姑似乎有些猶豫，大概是捨不得姪子被解剖，我補充：「如果可以讓小志的遺體對社會有貢獻，那也不是壞事，是很豐厚的功德。」

姑姑聽了以後，安靜了一分鐘，像是在回憶些什麼，最後，她含著眼淚接過同意書。

我們將遺體運送至中部遺體中心，由姑姑授權，我當見證人。手續辦妥準備離開時，姑姑突然叫住我：

「楊法醫，我可不可以進去看看小志？」

「當然！進去和小志說說話，小志一定會很高興的。」

我陪姑姑到遺體停放處，姑姑走進室內，我站在門口等待，讓姑姪敘舊、道別。

姑姑隔著塑膠套，輕撫小志遺體，想要擠出笑容道別，卻又忍不住哭泣，只能又哭又笑地對小志說：

「傻孩子，姑姑家就是你的家啊！姑姑來送你了，姑姑會永遠想你。」

與生命的自我對話

工作及教學佔據我大半的時間，很少與家人互動……特別是兩個孩子。記得有次兒子在校犯錯，我放下手邊的工作趕到學校，卻發現他驚慌且無助的眼神，似乎對這個父親格外陌生？開車回家的路上，想起小志的人生，好像很久沒關心兒子的在校生活了？

世界上有百百種父母，有的父母就像小志爸媽一樣，自小就拋棄孩子，有的父母則為了孩子犧牲自我，但不管是哪種父母，對孩子來說，「親情」都是生命裡不可或缺的一塊基石。

曾處理過一件遊民死亡案件，由於屍體腐敗腫脹無法辨認，雖然死者母親指認出刺青，但為了避免誤認及釐清死因，檢察官告知家屬將進行解剖。聽到「解剖」，滿頭白髮的老人家突然激動起來：「不用了啦！這傢伙一輩子都糊里糊塗的，別再浪費國家資源，死了…哎，就算了。」原來死者年輕酗酒又吸毒，不僅毀了家庭，更傷透老媽媽的心。某年除夕，他跪在家門口卻不得而入；過年期間母親因病住進醫院，他天天在醫院外徘徊，卻沒有勇氣進入病房。

「伯母，他一輩子雖然糊里糊塗地過，但難道不想讓他清清楚楚地跟您告別嗎？」老人家點了點頭，老淚縱橫地說：「謝謝！」

04 「凶宅」奇趣

每到農曆七月，常常看見談話性節目哪位法醫搭配名嘴助陣，把自己的執業經驗說得毛骨悚然，繪聲繪影描述驗屍時受鬼魅干擾，電燈忽然熄滅、原來這間早已經是凶宅、死者來抓交替……等，看了蠻佩服這些人的嘴上功夫，不信鬼神的我也忍不住回想幾個「變成」凶宅的案子。

新竹地區投資客很多，蓋房子養地或買好地段的公寓當包租公是常有的事，但也不乏有運氣不好和房客發生糾紛的案件，阿榮就是其中一個「衰」主。

阿榮是標準的投資客，在新竹地區買了幾間公寓租人，自己平時住在台北，只有房客有問題時才會南下新竹。某一年，阿榮把一間套房承租給房客小雅，簽約三個月後才發現小雅情緒不穩，時常鬧事鬧到警局，也開始積欠房租。由於阿榮和我是舊識，阿榮到新竹處理小雅的事情後，都會跑來我這吐吐苦水。

「楊大哥，我怎麼那麼衰，明明是她積欠房租，卻搞得好像是我不對一樣，這什麼道理啊！」阿榮憤憤難平。

「你不是佛教徒？今年犯太歲喔？沒去點光明燈？」為了緩和他的情緒，我開玩笑說。

「你不要再笑我了，已經夠衰了！」

「你就請她搬走，這合理啊，照合約走，不然就報警。」我提議。

「我有講過啊，我還請出上法院這張神主牌了，她根本沒在怕！」阿榮眉頭深鎖。但遇上無賴，我這局外人也使不上力，只好再陪阿榮多喝幾杯。

過了一個禮拜，上班時間接到阿榮電話：

「楊大哥，我真的衰到底了，小雅在屋內上吊自殺了！」

「蛤？怎麼這樣？」

雖然之前和阿榮沙盤推演過，如果逼她繳房租，刺激到她的情緒，最壞狀況就是你死我活，但只是酒過三巡開玩笑的胡說，沒想到事情真的發生，這下沒人笑得出來了。

阿榮描述前兩天打給小雅請她搬走，積欠的房租也不必繳了，搬走就好，但小雅情緒激動堅持不搬，阿榮忍無可忍說：「給你兩天期限。」小雅歇斯底里丟下一句：「我會讓你後悔！」憾事就發生了。

阿榮做完筆錄後打電話給我，聲音聽起來像受到驚嚇：

「楊大哥，今天早上我很不爽要去做筆錄的時候，車子突然熄火發不動，我只好坐計程車去警局；做完筆錄，要趕回台北，車子還是發不動。

我想到小雅，就隨意在車上說了句：我已不計較，放過我吧！車子突然發動了！」

「可能只是巧合啦！」聽完雞皮疙瘩不由自主從皮膚底竄出，但理性想想，還是這麼安慰阿榮。

「算了，我自認倒楣，賠償我也不要了。可是，楊大哥我那間公寓不就變成凶宅？」阿榮崩潰地說。

聽到這句話我再也忍不住笑，雖然為阿榮感到沮喪，但一切太荒謬了：「小老弟，我只能說保重了！」

另一件凶宅案是一起意外，但屋主太害怕新居「意外」變凶宅，勞師動眾，在凶宅的定義前掙扎。一天上午十點左右，我們接到水電工被電死的案子。一對新婚夫妻買了新居，家裡裝潢擺設一切如新，倆人歡天喜地迎接人生新階段。夫妻倆剛搬進去住的第一天就下大雨，外頭公共露台的排水系統出問題，導致淹水，他們趕緊打電話給管委會央求處理，緊急請水電工前往。

水電工到場，走進積水的露台要使用空壓機抽水，設備架好後，水電工把插頭往外拉，請新婚夫妻幫忙從室內插電。

「我這邊準備好，你就幫我插電。」水電工向屋內喊道，丈夫點頭允諾。

看一切就緒，水電工說：「好來，一、二、三請插電。」

沒想到，丈夫一插電，露台發出「啪！」的一聲，水電工倒地不起，活活被電死了。

我們一行人趕往現場，途中才回報不必到現場驗屍，等遺體運回後再相驗。只好回到地檢署一邊處理其他資料，一邊等待。

「嗯？奇怪？都已經要下班了，怎麼還沒通知驗屍？」我疑惑問同仁。同仁說現場好像有點狀況，他們現在才在回來的路上。

一回來，檢察官氣得半死：「那些住戶到底在堅持什麼，搞了一個下午，氣死人了。」

「在公共露台過世不算我們家，就不是凶宅吧？」夫妻倆不斷討論，其他同一層的住戶也堅持不讓遺體進入屋內。警察、家屬、殯葬業者苦苦哀求都沒用，有的屋主還生氣地說：「除非有搜索票，不然你們強行進入我就告你們！」

為了「凶宅」定義，整層樓的住戶為難所有人，殯葬業者逼不得已只好請吊車，原本十分鐘可以抬出遺體，搞了一個下午才將遺體「吊」出來。

我們大家都戲稱這個案件為「在凶宅前垂死掙扎」小鬧劇。

最後一件凶宅案發生在我任教的大學，由凶宅衍生出一連串「鬼故事」的校園傳說。學期剛開始，我的法醫鑑識科學通識第一堂課，教室坐滿學生，大部分都是新面孔，唯獨幾個小女生看起來面熟，但又想不起在哪裡見過。我用疑惑的表情看著她們，小女生掩面偷笑，我問：

「我們是不是在哪裡見過面？」

「老師，我們被你做過筆錄啊！」其中一位小女生笑著回答。

時間拉回上學期，三位大學女生神情緊張地坐在署裡做筆錄。

「怎麼那麼多女學生，發生什麼事？」

「昨晚有學生從學校頂樓跳樓，監視器拍到三人有上頂樓，就請她們過來協助調查。」

一看，是我任教的大學。為了讓她們放輕鬆，我坐在一旁幫忙舒緩情緒：「同學，我是你們大學的老師，不要緊張，發生什麼事情跟老師說沒關係。」

原來前一天晚上這群女學生原本在樓下辦活動，其中一人做錯事被學長罵，跑到頂樓哭，另外兩位同學陪同上樓安慰。當晚寒風刺骨，三人在廣告看板的另一邊避寒，聽到看板的那側有女生激動大哭講電話的聲音。

女同學A：「好像是在談分手，因為一直聽到她說為什麼要分開。」

女同學B：「對啊，因為她很激動一直大吼大叫，我們在旁邊很尷尬，她好像也有看到我們上去。」

女同學C：「後來我們就下樓了，因為很冷，我們下去時還有聽到她在講電話。」

我轉過去問警察：「嗯？那她們為什麼要來做筆錄？她們有看到女生跳下去嗎？」

警察有點尷尬地說：「有點烏龍啦，原本以為跳樓時她們在現場，後來才發現監視器時間有問題，想說既然來了，就請她們順便做個筆錄。」

三人結束調查後，來了第四位女學生，因為死者往下一跳，跳到這位女同學寢室前的陽台。女同學聽到碰一聲巨響，打開落地窗查看，因為一片漆黑所以沒看到死者，就傻傻地把門關好，寢室四個女生就伴著屍體睡了一整晚；隔天一早看見陽台死者，嚇得趕緊通報舍監。

事後，不只案發現場那間寢室搬走，整棟樓同一側學生也嚇得申請退宿。

想起這段經過，我問她們：「幹嘛來修我的課啊？」其中一位同學笑笑地說：「老師，我們要來上課，之後又遇到命案，才知道要怎麼保護自己啊！」我開玩笑地跟同學們說：「要聽鬼故事的問她們四個。」同學們哄堂大笑。

只是，過不久就開始有傳聞，那棟宿舍變成學生口中的「凶宅」，鬧鬼的故事以訛傳訛地在學校流傳，每次聽到都哭笑不得，鬼故事就這樣被製造出來啦！

05 九二一大地震

「老婆！老婆！快點起來，地震！」凌晨一點四十七分，床鋪劇烈搖晃，我喊醒太太，倆人抱著孩子，摸黑沿著牆壁，步伐歪歪斜斜往外衝。

碰！

「啊！什麼聲音？」太太語氣驚恐緊抓我的手。

「別管了，先往外跑比較重要。」沒時間停下腳步，每次搖晃都像在催促：保命！保命！

街上只剩慘澹月光，沒有任何光亮，遠處尖叫聲不斷……「好大的地震，嚇死人了！」隔壁奶奶抱著愛犬衝出門口，癱軟在地，直拍胸口壓驚。

短短一分多鐘，路燈不勝劇烈搖晃，整排傾倒，後邊矮房牆壁震出深深裂痕，我緊緊擁著家人，與滿街的避難人潮度過漫長的一夜。

九二一大地震是上個世紀末台灣人民的集體創傷，規模，七．三級大地震威力像是三十三顆原子彈爆裂，從南投地區擴向全台肆虐。地震後仍餘震不斷，全台交通幾乎癱瘓、停水停電、幾千棟房子被地牛連根拔起；山崩、土壤液化、死傷慘重、數千人無家可歸，電影般的末日情景，全台人民一同經歷了。

後續救災公家單位、救難團隊上緊發條。地震隔天，地檢署一批同仁已南下災區驗屍，其餘人員待命，隨時準備支援。待命期間，電話響個不停，因為餘震，隨時都有災難傳出……

「敏昇，市區有人被砸死，要到現場，準備一下。」

一到現場慘不忍睹，對面飯店施工，工程車因不堪餘震過強，從十幾層樓掉落，直直地砸到水果攤，地面下陷一層樓，水果攤位上的三個人幾乎被砸成肉醬，只能拿肉塊去驗DNA，像這樣的案件今天已經三、四起。

下班前，接到檢察長電話：「敏昇，晚上出勤你可以嗎？」

「可以啊！」

「你兩個小孩還小，妹妹不是剛出生？太太一個人照顧沒問題吧？」

「放心，已經和太太協調好。」

檢察長深深嘆了口長氣，接著說：

「敏昇啊，你不知道南投有多慘，屍橫遍野，遺體幾乎都被瓦礫堆壓爛了。」他聲音微微顫抖。

「辛苦你們了，我們晚上立刻下去支援！」我盡量用堅定的語氣，希望能帶給檢察長一點安慰。

「帶一個簡單的行李，相驗包包，多帶死亡證明書和手套，手套放在車上備用。」

「是，我會準備好。」

正要掛斷電話，檢察長像突然想起什麼，開口說：

「敏昇，」

「嗯？」

「出發前，先回家陪陪家人。」

晚上八點，四個人一組驅車南下，因為全台輪流用電，高速公路上時而有光、時而晦暗，和廣播傳來的救難消息一樣。因堵車到南投時夜已深，南投斷水斷電，集合處勉強用發電機點亮幾盞燈泡，後方是捐贈物資的集散地，旁邊一具具蓋著白布的遺體靜靜地躺著。空氣中混雜些許腐敗的味道，四周斷垣殘壁說明檢察長為何聲音顫抖。

「究竟還有多少生命在瓦礫縫隙中殘喘等待救援？」我心想。

巨大的無能為力感，像籠罩著南投上空的黑夜，看不見盡頭。

隔天一大早我們先到派出所報到。

「楊法醫，這些是要報驗的死亡名單，都做過筆錄了。」所長拿出一疊厚厚的紙本名單。

「這些遺體都在哪些殯儀館？」我問。

「死亡人數太大量了，殯儀館根本容納不下，可能要到各個村去找他們停放屍體的地方，也有可能是送到殯儀館，都不太確定。」所長一臉疲憊，語氣中透露著悲傷。

聽完所長的說明，開始覺得頭大，草屯區地廣，災區之間路途遙遠，遺體不堪久放，能夠在今天消化完嗎？一行人帶著不安上路，開著警車巡迴草屯區，尋找報驗的遺體。

到了第一站，爆量的遺體擠滿空地。

「請問葉金枝的家屬在嗎？」我對一旁的家屬喊了一聲，無人回應。驗屍程序必須等家屬確認過遺體，才能相驗。

「法醫歹勢，我是里長……」大約六十幾歲的老人家，穿著宮廟發的衣服走過來。

「里長您好，請問一下您認識葉金枝的家屬嗎？」

「金枝他家人都受傷了，在醫院，只有他沒逃過這劫……我們幾十年的老鄰居了啦……我可以確認他的遺體。」里長保證村里的人他都認識。

重大災難驗屍最困難的地方就是身份辨認，家屬若在災難中受傷送醫，或是一家人皆不幸罹難，就沒有家屬能代表確認遺體身份；因此在遇上重大災難時會啟動戶政單位協助認屍，村長里長也能代表無法前來的家屬辨認屍體。

鑑識人員打開白布請里長幫忙確認。

「對啦，這金枝沒有錯，唉，地震前一晚我們才在廟那裡泡茶……」

里長話還沒說完，淚水就搶著奪眶而出，看了好心疼，五十幾年的情誼瞬間斷裂，天人永隔，也只能盡量安慰他：「我們都要堅強啦！」

「我活到六十幾歲，村里的小孩都從小看到大，老人也都好厝邊，跟他們感情五十幾個冬，我一定會認出他們，讓他們入土為安。」里長協助我辨認了好幾個罹難者身份。

「學長，我這邊驗了兩具。」學弟氣喘吁吁跑向我。

「蛤？驗那麼久才驗兩具？怎麼回事？」因為死亡人數太多了，小組無非是希望以最有效率的方式進行，才有時間趕到下一個災區支援。

「學長，不是我沒效率，是遺體根本沒分類，男、女、大人小孩全部放在一起，我根本是在屍體中找屍體啊！」學弟無力地說。

這也是重大災難最常遇到的問題，沒時間分類遺體，驗屍相對耗時，當下也沒有人力能夠分類屍體，法醫人員只能苦幹實幹，一具具找！

我們驅車前往下一個災區，將近兩個小時的路程，一抵達下車，災民露出錯愕的表情：「你們是法醫嗎？」

「對，我們來驗屍，這裡有幾個名單。」我把名單拿給災民看。

「奇怪，不是驗過了嗎？這個王麗珠是我伯母，我們驗過了啊！」

「沒關係，我們確認一下。」

我們一頭霧水。各災區間資訊根本沒辦法流通，電話也沒有收訊，出現很多次重複驗屍的現象。

「實在太混亂了！」前輩忍不住搖頭嘆氣。

忙了整天，在南投各個村落四處奔波，因為沒電沒燈光，一路上僅靠著警車車頂的警示燈照亮，燈泡因而燒壞了。「唉，老天爺拜託行行好，不要再給我們考驗了。」看著整台黯淡的警車，只有無奈。

一位熱心的黃先生上前：

「法醫，你們不要擔心，我家有一整排類似的紅色燈泡，你們可以暫時替用。」

「謝謝你的好意，但是回家拿太危險了，房子都歪斜了，別進去。」同仁勸黃先生別冒險。

「不會，現在房子有一半的二樓變一樓，書房在最外面，我進去拿一下就好。」

即便我們強力阻止，黃先生還是堅持要替我們換上新的警示燈。災民們合力幫忙，幾個人拿手電筒照明，幾個人扶著梯子，好讓黃先生穩穩地向上爬。幸好，黃先生有順利拿到燈泡，看著恢復光亮的警車，疲勞的身軀瞬間被災民的溫暖灌入了不少元氣。

回到災區，台灣人的愛心如海水般湧入南投，一卡車接著一卡車的救援物資等著被卸下，志工們排成一列，一個一個傳遞物資，將愛心直送給災民，有災民一拿到泡麵就激動落淚，此情此景把全身的疲勞趕跑，我們也捲起袖子幫忙搬運。一袋玩偶傳遞到我手上，掉出一張卡片，上頭稚嫩的字跡寫著：

「我想要把我喜歡的娃娃送給南投的小朋友，請叔叔阿姨幫我發給他們，娃娃給你們我就沒有了，可是我想要讓你們開心，加油！」

老天爺雖然給我們鬼哭神號、天崩地裂的慘況，但台灣人民沒有被生離死別擊潰，災區處處流竄溫暖和強大的團結力量。

九二一的慘痛記憶沒人能夠淡忘。災後，我想直視這個傷口，因此把在災區遇到的驗屍問題和我的大學老師深入討論，老師長期關心災區遺體處理問題，無論是在專業領域或人生道路上，老師對我都有很大的啟發。

我們將災區的驗屍經驗、遇到問題和困難建議的解決方式記錄下來，合寫成一份重大災難遺體處理的文章，希望日後遇到重大災難時，相關人員能夠不慌不亂地為遺體分類，驗屍程序順利進行，讓亡者能早日入土為安。

與生命的自我對話

一九九九年參與「九二一大地震」救援工作，任務結束返家，受到很多親友的表揚，但老實說，與其說我是「救災英雄」，不如說是一個到災區被嚇壞的年輕法醫。

那是我人生中第一次見到那麼多具遺體，那一整片覆蓋著的白布、殘破不堪的瓦礫石堆，與悲痛無語的生還者，我一輩子忘不了。也是那次讓我深刻感受到——我們做的工作，不單是關乎於正在相驗的這一個往生者，而是關係到他背後的一整個家庭、甚至一整個家族。

人與人都在各自的生命中，互相留下漣漪，餘波盪漾出大大小小的水窪。所以不要吝於去付出愛與關懷，就像母親常說的：要設身處地替他人著想。因為那是我們人最美好的特性之一。

06 六〇一旅空難事件

協調會的現場，悉悉簌簌的耳語黏著在潮濕的空氣中……

「我還沒辦法接受我老公就這樣走了」

「到底為什麼要擴大軍演」

「我哥只剩下臉皮了」……

即便只是交頭接耳，這幾個關鍵字不斷重複表明協調會的主旨，不時傳出的啜泣聲，增加空氣的濕度，一個淚紛紛的清明時節。

這場空難來得突然。清明節前兩天，我接到一通電話：「喂，您好，哪裡找？」

「楊老師，我這邊禮儀公司啦，上個月你有過來幫我們做教育訓練。」

「喔！我想起來了，有什麼事嗎？」

「楊老師，你知道有大事發生了嗎？六〇一旅墜機了，有八個軍士官因公殉職。」

有時候會佩服自己的腦袋像谷歌搜尋一樣神速，立刻閃過六〇一旅的相關資料與幾次接觸經驗；六〇一旅是台灣最會作戰的隊伍，也肩負救難責任，台灣有重大災害時總能在前線看到他們的身影，先前九二一大地震我被奉派南投協助驗屍，以及新竹五峰鄉災變都遇過他們，對台灣貢獻非常大。

「他們從高空摔下來，臉都稀巴爛了，要做修復，我們技術沒那麼厲害，就想說問問看楊老師有沒有這個意願承接？」

「當然，我的榮幸。」我二話不說答應了。

隔天起了個大早，進醫院了解狀況。原來，因為總統即將卸任，軍方為了擴大閱兵，求好心切，帶著旅長、副旅長、營長、副營長，還有最厲害的駕駛和維修隊的士官長，跑到高雄勘驗現場。山區的天氣是後母心，變化劇烈，無線電原先回報晴空萬里，但到了山區突然起了濃霧，他們決定要返航，返航途中撞到電塔，從兩百公尺處掉落，每個人臉部幾乎粉碎，殘破不堪到無法辨認，更不用說修復了。

經過和團隊的激烈討論，我們理出一些修復方式。進入會場坐妥，準備向家屬解釋，一看，幾乎所有軍士官遺眷按照位階排排坐，一個景象特別顯眼：一位有著原住民美麗輪廓的年輕媽媽坐在角落，身旁的兩個小孩，受不了等待鬧脾氣，像是擔心他們會突然大哭打斷會議，只好邊哄邊騙，她是最低階士官長的遺眷，為自己隔了一個安全不越線的空間，這位年輕媽媽沒與任何人交談，除了看顧孩子，其餘時間幾乎淚眼望向遠處，像是盼著丈夫走向自己，輕說「沒事，我們回家吧」。不曉得為什麼，這位媽媽讓我特別上心。

我開始和家屬解釋如何進行修復。從高空掉落後，通常頭皮都還保留，但頭蓋骨腦漿都已不在了。那要怎麼做才可以把臉再撐起來？我開始解釋苦思許久的解方：汽球理論。

現在大體的面皮就像汽球表面，頭蓋骨碎掉後腦漿跑出來，如同氣球消風。皮還在，把洞補好後再打氣進去，就會再撐起來，就能重新給大體一張臉了。

我一道解釋支撐臉部需要的材料：熱塑版（Mask）。熱塑板是長庚腫瘤科林醫師從美國帶回來的概念，為了讓癌症病患化療後，不必再因臉部化療記號而遮遮掩掩，這個熱塑版剛好可以當作臉部骨架來支撐面皮。

不曉得是我的解說給家屬帶來遺體完整的希望，還是家屬正困惑著，現場討論聲熱烈。

「楊法醫，請問一下，就算臉撐起來，但我哥哥的五官都不見了，這樣還可以恢復原來的樣子嗎？」

這個問題也是看完大體後，團隊認為非常棘手的重點，我們想出了一個辦法，但在無法預測家屬的接受程度前，我試水溫般地先拋出引子。

「我曾經做過一個車禍案件的修復，死者斷了一條腿，且因為遭到輾壓，腿部幾乎不可能修復。」我的引子順利吸引家屬的注意，現場吵雜聲漸小。

「死者女兒希望媽媽的腿能夠修復，讓媽媽完整地走去更好的世界。」

「那怎麼辦？楊法醫你做一個假的腿嗎？」家屬詢問。

「你說對了。」我說。

「怎麼做呢？」

「重點來了，我問死者女兒，你願不願意把你身體的一部分送給媽媽？」

「楊法醫，什麼意思？」不解的聲音此起彼落。

「我問死者的女兒，願不願意用自己的腿開模，做成一個假的腿送給媽媽？」現場一陣安靜，我接著說：

「死者的女兒哭了。她說，如果能用自己的腿開模給媽媽，也算媽媽帶著我生命的一部分繼續活在另一個世界，楊法醫我願意。」我聽到一些啜泣聲，感覺家屬正打開心胸要接受建議。

「各位，因為往生者要開模的地方是臉，我擔心你們會有傳統上的禁忌，但核心概念是一樣的，都是生命和情感的延續。」

家屬閃閃的淚光像是通行證，我繼續說：「把這個面膜套在罹難者的頭上，再把罹難者的皮膚補上，進行縫補。例如您，」我請一位家屬起身，「我看過照片，您和您哥哥長得非常像，我們可以用您的臉開模，做給哥哥一張完整的臉。」

家屬聽到這裡眼眶充滿淚水：「這是我現在唯一可以為我哥做的事情了。」需要開模的家屬幾乎都點頭答應。

與家屬達到共識後，我仍掛心那位年輕的原住民太太，顧不得軍隊是重視階級的單位，我表示希望為她最低階的士官長丈夫先做修復，因為我秉持「生而平等，死後平等」的原則，認為這時候更該打破階級。原以為我的堅持會因為觸犯官僚軍階禁忌，讓現場陷入低氣壓，但突然，旅長的太太起身附和：

「如果我老公在的話，他一定會同意楊法醫的建議！我們就這麼做吧！」

即便春分的溼氣重得讓身體不舒暢，但這場協調會上，大家互相幫忙體諒，以及想為逝去親人做任何事情的決心，紓解了這惱人的節氣。走出協調會，心情輕快地像晴空萬里。

修復工程時間有限，又必須趕在告別式之前完成，遺體有八具的狀況下，每具大體平均得花四至五小時，因此我們挑起燈夜戰，幾乎每天都做到凌晨三、四點才結束。

「啊！又扎到了啦！」團隊每隔幾分鐘就會發出這般慘叫，這是修復過程尤其難熬的部分。因為罹難者頭骨已粉碎，頭顱打開後，必須先做清創動作，再放進人工骨頭。清創過程就像必須用筷子夾出一顆顆綠豆般，骨屑幾乎已碎如指甲一樣細小，就算大家已聚精會神，縫合時仍然會被殘餘的骨屑扎到。

馬拉松式的修復讓我疲勞到忘記老婆大人的生日，所幸團隊成員神救援，偷偷幫我買了蛋糕宅配到家裡，女兒還貼心地打電話要我不要擔心，媽媽沒生氣。掛掉電話後，安心繼續作戰，回到家居然已經凌晨兩點了！一開門，看到的是睡著的妻兒和桌上留給我的一塊蛋糕，蛋糕旁有張紙條，上頭寫著：老公辛苦了，我們先睡了。

最後修復順利完成，八位因公殉職的軍士官，以生前英挺風發的樣子供人瞻仰敬重，家屬們因為要離別而傷心，但也因為罹難者能面容完整走完最後一程喜極而泣，不斷鞠躬道謝，想盡辦法表達謝意，送咖啡，包紅包等。對於家屬的感激，雖然心裡溫暖，但我認為自己只是盡能力所及幫忙，且這也是這支隊伍該得到的福報，因此我特地將家屬禮金退回，只收下紅包袋，摺好放妥，當成修復路途最有力量的護身符。

07 走了十四年，回家的路

這是一個讓我印象深刻的無名屍案。接到案子那天，我正在午睡，昏昏沉沉中接起刑事警局的來電：

「您好，這裡是刑事警察局，我姓劉。」

「您好，我是楊法醫，請問有什麼地方需要協助？」

「楊法醫，我們這裡查到一具無名屍，特徵比對後，很像當年一位失蹤人口。」

「喔？」我的疑惑不是沒有原因，這一年接到不少無名屍案。

「劉Sir，想請問一下，為什麼最近這麼多這樣的案件？」我忍不住好奇詢問。

「因為早年DNA科技還不廣泛，所以無名屍公告六個月後，如沒有人認領，就直接交給社會處安排土葬無名屍公墓，立碑編號。但現在有DNA建檔跟大數據啦，所以才把以前的編號輸入電腦比對身份。」劉Sir解釋。

曾聽檢察長說過，民國八十年前沒有電腦，更不用說DNA或大數據比對，案件幾乎還是紙本建檔，各分局之間資訊流通相當有限。這情況下，常常是A點報失蹤人口，B點找到屍體，但A、B點資訊不流通，所以有很多無名屍和懸案。

「劉Sir，你們局最近是卯起來比對喔？」我開玩笑。

「哈哈，工讀生都請了，還排班咧！當然要卯起來對啊！我資料再傳給你，麻煩了，感謝！」

幾天後，我們聯絡編號七九一一三〇這具無名屍的家屬老康，為了確定白骨是老康失蹤十四年的妹妹，慎重起見，必須開棺檢驗DNA。之前不是沒接過無名屍的案件，但要開棺驗屍，還真是第一次！我們特意挑了個黃道吉日，正午到無名屍公墓開棺，從白骨抽取微量骨骸進行DNA排序，同時也向老康採口腔黏膜做DNA序列，再做比對。

這天，老康又到法醫室了解比對進度。

「常常夢到我妹妹回來，我就會問她，妳跑去哪裡，那麼久沒回來？她就會說：我早就回來了。」老康重覆訴說唯一能見到妹妹的場景，情緒略顯激動。在真相揭曉前，只能不斷確認一路走來的蛛絲馬跡，像是拿證據來兌現期望一樣。

「楊法醫，夢跟現實不是相反的吧？」老康淚水從臉上滾落，掉到身上褪色的保全制服。

「您先進辦公室等吧，一下就送過來了。」我招招手要老康進辦公室稍坐。

老康的人生被失蹤十四年的妹妹切成兩半，這十四年來，老康為了尋找妹妹，刻意從事工時不固定的工作，到工地打零工、便利商店輪班，最後這份保全工作，一做就是八年，薪資雖不優渥，但排班時間自由，老康說：「這樣我才有更多時間找我妹妹。」

每次出門尋找，都是一半希望、一半失望，和還在路上、未出爐的檢驗報告一樣。

我將茶水遞給老康，老康雙眼紅腫直盯牆上的時間：

「楊法醫，我已經很幸運了，我爸媽這一輩子都在等，到過世前都還沒辦法再見到我妹妹。」

「真的辛苦你們了！」辛苦對比煎熬，遠遠不及三分之一，使不上安慰的力道，但還是脫口而出想表示心疼。

老康從皮夾拿了張照片，放在桌上輕輕推了過來：「楊法醫你看，這我妹妹。」清秀的臉頰披著及肩捲髮，拍攝照片當下的燦爛笑容，像不問世界紛擾似的。

「老康，妳妹妹怎麼失蹤的？」

「我妹妹有精神疾病，正常的時候跟家人很親。但有時候又會情緒失控，大吼大叫。」

「有帶妹妹去看醫生嗎？」

「沒辦法帶去啊，妹妹不覺得自己生病。鄉下地方話都傳來傳去，說什麼我妹妹是神經病，我妹就更不敢出門。」

老康的妹妹，就稱她為阿鳳吧！阿鳳曾有過一段坎坷婚姻，二十初頭嫁給工廠小開，以為幸福快樂就此展開。但婆媳關係緊張，婆婆嫌棄阿鳳學歷低，不給阿鳳好臉色，還時常當著阿鳳面前要兒子和她離婚。阿鳳以為丈夫會護著自己，但丈夫不想當夾心餅乾，把所有時間放在工作上，鮮少回家，留阿鳳獨自面對婆婆的情緒攻擊。

好不容易懷上孩子，阿鳳以為狀況能夠好轉，但婆婆的傳統保守再度擊潰她，婆婆冷嘲熱諷地對阿鳳說：「我兒子是獨子，生不出男生，懷什麼都一樣啦。」阿鳳聽了傷心欲絕，為了逃離婆婆的惡劣對待，阿鳳堅持到工廠幫忙丈夫工作，減少和婆婆的相處時間，沒想到發現丈夫外遇，氣得流產了。老康搖搖頭說：「我們阿鳳真的歹命，這輩子來還債的。」

我以為只會出現在鄉土劇的劇情，卻是阿鳳的真實人生。「我受不了啊，就去把阿鳳帶回娘家，叫他們婚離一離，不想再讓她受委屈。」老康說。

那時夫妻離婚還沒那麼普遍，阿鳳遲遲走不出陰霾，整天鬱鬱寡歡，行為也開始失控。

「楊法醫，你看這阿鳳的遺書。」

一張受潮泛黃的日曆紙，日期為民國八十三年，五月四日，背面有潦草的鉛筆字，簡短寫下：「我走了，對不起大家，不要找我，忘了我就好。」阿鳳就此將自己鎖在當年，永遠的谷底，沒人搭救，叫喊也不再有回音。

「楊法醫，我找我妹妹找得好苦啊！」妹妹剛失蹤那段時間，老康把妹妹所有的特徵，以照片局部放大，包含她帶著的紅色皮包，左手無名指跟中指戴金戒指的特寫，費盡心思就是想把阿鳳尋回。老康辭去工作，和父母輪流到處張貼尋人啟事……

「我找到第六年，才漸漸接受阿鳳可能已經不在人世。」

老康從包包拿出這十四年來的報案記錄與筆記，上頭清楚記載第六年後，開始把目標轉向搜尋無名屍，用阿鳳的特徵請警方協尋和比對。每接觸一個可能，都是一次拉扯，有時希望比對結果不是妹妹，因為這樣妹妹還有可能活著；但找累了，心裡就會浮出希望這一具屍體是妹妹，了卻一樁心願。

那疊記錄中，其中有三分之一的文件，貼著像是廟會熱鬧街景的照片，下面標示不同年份日期，我好奇問：「老康，為什麼要拍這些照片？」

「我記得我妹小時候很喜歡去逛廟會，買髮夾、小玩具。」老康回答。自從阿鳳失蹤後，老康每年農曆新年會帶著爸媽到幾乎全台各地的廟宇，除了拜拜祈求神明保佑阿鳳早日回家外，老康會向廟宇人員調查當地廟會慶典的次數、日期。

日後，哪裡有廟會，老康就開車到哪裡碰碰運氣。每一次在熱鬧的廟會，心裡滿是心酸，邊走邊哭，老康說：「生要見人，死要見屍啊！阿鳳已經苦一輩子了，不能再讓她一個人孤孤單單地在外面。」

「敏昇，你案子報告好了。」同仁接到收發室通知。

「老康，報告好了，我去拿進來。」

再進辦公室，只見老康摀著臉，像舞台布幕蓋著，即將進行下一幕一樣，裡頭是喜是悲，沒人知道。我拍拍老康肩膀，老康抬起頭：

「……楊法醫，我可以看一下報告嗎？」

「當然。」

老康雙手顫抖地打開報告書，突然激動地哭了，老康手裡的調查報告寫著：「檢驗相符」。阿鳳早在民國八十三年時跳海自殺了。

老康喜極而泣，跪拜天地似地雙手合十：

「終於找到阿鳳了，爸媽我找到阿鳳了，我找了十四年……十四年啊！」

相隔十四年的歲月啊！雖然再見面已是一具白骨，但終究能相見了。

老康起身抱緊我：「楊法醫，謝謝你，真的謝謝！」

老康就這樣跪坐在辦公室的地上放聲大哭，重逢路上的悲苦只有他、也只剩他最清楚了……一陣酸楚湧上鼻頭。

「沒事，人找回來就好。」我輕聲說。

08 養在籠裡的貓

「我沒有錢，我不知道怎麼辦了，誰可以幫忙我一下嗎？」死者唐婦的女兒小郭，全身上下只剩一千元，哭著跪求我們幫忙處理母親後事，這一跪，案件從單純的因病死亡，轉為必須介入調查的社會事件。

時間回到稍早，我偕同檢察官進往生室相驗遺體，與小郭的短暫對話已讓我察覺這家人有些特別。小郭情緒顯得激動，時而喃喃自語，時而放聲哭喊，言談邏輯也有問題，東抓一堆西補一些，常常詞不達意。身旁跟隨的三個孩子，年紀最大的十五歲，最小九歲，全都語無倫次，不斷重複說著：

「阿婆被老鼠吃臉，好可怕……」神情露著旁人無法理解的恐懼，但在恐懼的壟罩之下，又帶著微微笑意。我直覺：這家人肯定有照護的必要。

拉開罩著遺體的白布，大體的狀態不像剛過世的樣子，骯髒，惡臭混著騷味，亂七八糟的味道襲來，我忍著呼吸進行檢查。

一看，這具大體的臉部遭受齧齒動物啃咬，且傷口是死後變化。我推測，唐婦因病死亡後，臉部才被老鼠啃食。

這狀況並不合常理，我問小郭：「你怎麼現在才報警？」

小郭支支吾吾搓揉雙手，神情躁動不安：「我也不知道怎麼處理呀，我就跑到戶政事務所呀，他們又叫我去什麼公家單位，我也不知道，他們一直叫我坐在那邊，沒有人幫我。」

檢察官隨即拿死亡現場照片給我看，「媽呀！這真的是一個家嗎？」

整個空間像垃圾場一樣，天花板結著滿滿的蜘蛛網，資源回收物、破電扇、電鍋雜物堆滿室，根本沒有行走的空間，唯一幾塊露出的地板也沾了黑漬，牆壁處處污斑，環境惡劣到極點。

我不可置信地瞪大眼，再詢問檢察官一次：「這真的是他們家嗎？」檢察官無奈點點頭。卡在垃圾堆中，有張破爛污黑的沙發，是唐婦的陳屍處。小郭說媽媽那幾天身體不舒服，躺在沙發上休息，死掉了他們也不知道。

透過警察得知，小郭一家為重點人口，全家都是身心障礙人士。死者是精神障礙病患唐婦，配偶多年前去世，她便帶著長男和另兩名精障兒子同住，長男因犯案入監服刑，長期不在家；而智障長女，也就是小郭，婚後生下患有身障及智障的三名子女，遭家暴離婚後，回娘家同住。

一家七口被社會處列為低收入戶人口，每月共領七萬三千七百元生活補助。我注意到小郭的女兒眼睛失明，我問小女孩：「眼睛怎麼了？」不知是不是對陌生人的關心感到害羞，小女孩笑了起來。

「沒關係，你跟叔叔說。」但她突然情緒激動地尖叫跑開，女孩的哥哥拉高音量急促地說著話，像是急著為妹妹跑開道歉一般：「叔……叔，弟弟壞壞，用筆戳，妹妹的眼睛壞掉。」

聽到這話，我有點想責備小郭，為什麼沒把孩子照顧好，小郭像是回憶往事般，面帶微笑說著孩子們的調皮事：「啊就弟弟玩剪刀，姊姊叫他不要玩，弟弟生氣拿筆戳她眼睛。」聽完小郭的「補充」，我想為自己的責備念頭道歉，太慘了！這一家人太可憐了！

一連串的慘況，任何人都會起惻隱之心，當下馬上請警察撥打社會處電話尋求協助，心想今天雖為週六，但無論是否為假日，社會處應當二十四小時都要有人接應吧！第一通電話沒人接聽，再嘗試一次，話筒傳來的依然是不間斷的嘟嘟聲，還是沒人接。

嗯？社會處不是標榜二十四小時嗎？那些需要幫助的案子又不會乖乖

挑在週間發生，怎麼會都沒人接？

小郭一家的狀況實在太令人悲憫，回家後，我忍不住在臉書上針對案件與社會處專線大書特書一番，沒想到一時的衝動卻引起媒體關注……記者們看見我的貼文，立刻爭相詢問案件內容，其中一位記者告訴我，他和各家記者都說好了，這則會當明天一早的新聞，主要是針對社會處專線這點作報導，我不以為意，隨口應答說好。

從地檢署回家後，突然接到一位熟識的記者小楊來電：

「楊法醫，這個留給我。」

「大家不是說好明天報嗎？」我說。

「對，我知道，我只是想要先去拍幾張照。他們住哪裡？可以把地址給我嗎？」

我並未多想，就回答了。沒想到小楊偷跑，先行採訪郭家人。

過了一會，小楊再次來電：

「楊敏昇，真的很慘。」

「你現在在哪裡？」

「我剛剛去他們家了，後來又跑回家，把家裡能吃的東西搬了一大堆給他們，還把口袋的兩三千塊也全部給他們。」

小楊描述，郭家有養貓，但都是關在籠子裡，小郭說只有晚上會把貓放出來抓老鼠。三個孫子也因為目睹外婆遭老鼠啃咬的慘狀，不敢回家，在公園逗留，孫女說：「阿婆一直看著我。老鼠吃阿婆的畫面，好噁心，我趕快去叫媽媽。」孩子們還心有餘悸，不斷問小郭怎麼會這樣，母子四人在公園待到深夜，無處可去，最後也只能再次回到不堪回想的家中。

隔天，小楊的新聞變成獨家，報導內容主要砲轟社會處。獨家簡直搞死人了，隔天值班的時候接記者電話接到手軟，連台北媒體SNG車都下來新竹支援，團團圍住小郭家，案件鬧大了！

見報導一發不可收拾，社會處長官親自打電話向我解釋。

「喂，楊法醫你好，我是處長，這件事真的是辛苦你了，謝謝你幫忙照顧郭家人。」

面對處長親自問候，其實有些緊張，但我既然選擇幫忙，就要站穩立場來談：「處長您好，不好意思，也沒想到造成軒然大波，您們也辛苦了。」

「楊法醫，我想我還是解釋一下這家人的狀況，我們曾經想協助安置三名年幼的孩子，但都被死者堅持拒絕。社工也多次探訪郭家，勸導甚至協助清理環境，結果之後再去訪視，房內又堆滿垃圾。」

「這狀況真的很棘手。但我關注的點是，像這種突發事件，能不能在第一時間聯絡到人來處理。」

「是，經過這件事情，其實我們是有專線的，只是有內部輪調的問題，以後不會再發生，我們已經檢討。我提供專線給您，以後只要有類似狀況發生，一通電話，社福人員一定到場協助。」

相關單位誠懇地亡羊補牢計畫，後續長官也親自帶隊到郭家清掃。

演變成社會矚目的案件後，開始有消息指出小郭一家拿補助款亂花，不懂開源節流，兒子都用i-Phone手機，直指：可憐之人必有可惡之處；也有人質疑政府為何不針對小郭這樣的重點家庭設立專案，正反輿論沸騰喧囂。

對這些爭議進一步了解後，發現小郭家更孤立無援的處境，小郭的前同居人是菸毒犯，還會騙走補助款，拿補助款買毒，如果小郭不交出補助款就會一再遭到毒打，小郭也是受不了家暴才逃回娘家。

至於使用專款買i-Phone手機的爭議，郭家不是千夫所指的惡人，而是陷入人心險惡的絕境。小郭兒子傻傻的沒朋友，不良少年吃定他這一點，就跟他說：「我們是好朋友，知道嗎？」好不容易有朋友了，非常高興，就隨不良少年流連電動場，任意「被花費」。不良少年還帶他去買手機，因為「我們是好朋友，所以你一支我一支。」i-Phone手機對郭家而言不是一般人消費奢侈品的行為，是缺乏判斷是非的能力，任人欺負的證據。

了解他們遭遇，還有誰忍心譴責郭家？郭家的例子，最可怕的地方是捉弄弱勢族群的無知，大秀人心底線的歹類，陷他們於絕境的是人的貪婪！有良知的人們，能不能付出一些憐憫給需要幫助的人？或至少不要欺負這些需要幫助的人？

與生命的自我對話

有記者訪問我這個案件應該要被反省的地方，我認為針對這樣無法自理，沒有判斷是非能力的弱勢家庭，政府應該設立專案為特殊專款專用，例如每年預計撥多少款項，就得規定必須要憑收據領錢，而非直接將專款一口氣給予。如遇上需要購買手機等消費品的情況，也得規定他們僅能使用款項的百分之幾去購買，避免善款濫用；最重要的是，必須教導這些家庭要如何生活，協助他們自力更生。

社會處後續針對郭家給予低收入戶喪葬補助的協助，並多次清理郭家住宅，再提供二手家具，未來郭家財務會信託管理；因小郭的知能及精神狀況尚可，暫不安置三名子女，但會協助未來教養。

我想這是這次風波，還算可以接受的結局。

09 沒說再見的離別

小時候村裡住著幾戶退伍老兵，就算現已時隔四、五十年，我始終忘不了小蔣與老韓。

小蔣和老韓是老鄉也是鄰居，一九四八年國共內戰戰況幾近白熱化，國民政府節節敗退，為了不讓孩子留在隨時會被戰爭波及的處境，父母要兩人帶些袁大頭，捆幾件禦寒棉襖，手牽手跟著人群流亡，去安全的地方。

兩個十三歲的孩子，為了保有基本住食，便成了流亡學生，跟著學校四處流亡；十八歲時，兩人報考軍校，報效國家，也跟著國民政府軍隊撤退來台，至此再沒回過老家。半生戎馬，退伍時，兩人用盡積蓄在村子蓋了幾十坪的平房，安身立命，互相為鄰，像舊時光一樣。

小蔣和老韓最喜歡和村裡的孩子話當年，老人家倆互相陪伴幾乎一輩子的時間，講起話來像唱雙簧，默契十足，聽他們操著濃濃山東腔，故事特別有臨場感。我特別愛聽歷史故事，就成了伯伯們的死忠觀眾，也因為身高比同齡的孩子還高，伯伯們總愛叫我大個子。

「大個子怎麼在哭啊？」小蔣走向我。

「我被媽媽處罰。」因為不想寫功課撒了謊，老師打電話回家後，媽媽氣沖沖把我擰回家處罰。

「不哭啊，我們去找老韓，他市場的飲料攤都賣不出去，我們去幫他喝。」

兩位伯伯因為沒有兒孫，把村子的小孩當成自己的孫子照顧，媽媽曾經和小蔣說別再寵我了，伯伯笑著回答：「我跟這孩子投緣啊，有他熱鬧啊，我不孤單了。」我總在被媽媽處罰後，向小蔣與老韓尋求安慰，他們敞開雙臂，給予最無私的溫暖。

國中時因故搬家，小蔣與老韓特地前來道別。當時年紀太小，無法處理離別的場合，我竟鬧起彆扭，關在車上不願和伯伯們見面。伯伯們走到車窗旁輕輕敲打，示意要我搖下車窗，我別過頭，聽見小蔣與老韓隔著車窗說：「大個子要乖啊，保重啊，要回來看看我們啊！」

車子發動緩緩駛向前方，我轉過身，隔著玻璃，看見小蔣與老韓一直站在原地揮手，直到看不見身影。

但後來，我一直沒再回去過。長大後，只要工作遇上老榮民的案子，總勾起記憶中小蔣與老韓的溫暖和那場沒說再見的離別，直至今日仍聽得見心裡的遺憾。

「不好意思，我想找楊法醫。」一位老奶奶進地檢署對同仁說。

接到同仁的聯繫電話，我走出辦公室，一位身形佝僂，滿頭白髮，手拄拐杖走路仍有些吃力，左手抱著一只盒子，徐徐向我走來。我開口：

「您好，我就是，請問有什麼事？」

「楊法醫，我是老袁的太太。」老袁？盒子上貼滿了國旗，我頓時想起前些日子的袁姓老榮民自殺案件。

「袁奶奶您好，到辦公室坐著說。」我攙扶袁奶奶，慢慢向前。

「我幫您拿盒子吧！」

「盒子我自己來就好了，謝謝啊！」袁奶奶將盒子抱得緊。

「楊法醫，有件事情想要拜託你。」袁奶奶打開盒子，裡頭裝滿勳章、獎章、還有幾份軍階轉換的文件，沉甸甸的盒子收著老袁的一生。

「這全是老袁從軍的證明。」袁奶奶舉起其中一只勳章，燈照下閃閃發亮，「這是民國四十九年蔣中正頒給老袁的忠勤勳章，老袁最寶貝它，這是他和蔣中正靠最近的一天。」袁奶奶把勳章放在我手上，要我感受榮耀的重量。

「奶奶，請問有什麼地方是我可以幫忙的？您說說看沒關係。」我還搞不清袁奶奶的來意。

「我家老袁一輩子忠黨愛國，就算過年，也為軍中忙到沒有回家。沒有半點對不起國家的地方。」袁奶奶說完雙眼直盯著我無語，因還不知道能在何處施力而靜默，只得等著袁奶奶再度開口。說時遲，那時快，袁奶奶突然火山爆發般激動地搥打自己的雙腿控訴：

「是國家對不起我們老袁！老袁跟我說哪天我走了，你拿勳章去辦後事，有用嗎？沒用啊老袁！」

「奶奶，您不要這樣！」我趕緊起身阻止。

「心好痛啊！老袁怎麼那麼狠心地自己走了。」奶奶的悲傷傾洩而出，激烈得哭了起來。

老袁上週被發現陳屍住家附近埤塘，檢警研判為自殺。家屬說老袁九十大壽那天提到，有生之年想再回江蘇老家一次，但因為高齡身體狀況不穩定，醫生警告家屬，老袁不能搭飛機。老袁知道後心情低落，話也變得很少，時常看向窗外痛哭。

「我媳婦透過葬儀社業者代申請安葬軍人公墓，但業者說老袁是自殺，無法葬入軍人公墓。我沒辦法接受，我們老袁一生最大心願和榮耀就是安葬軍人公墓，這是他應得的，他為國家付出一生，沒對不起國家啊！」奶奶說。

家屬幾經努力仍無法完成老袁心願。斗大淚珠映襯一張垂老面容，臉上歲月的紋路有多少是和老袁一起走過？老袁的心願也是袁奶奶的心願啊！

老袁的事情讓我想起小蔣與老韓，我想將兩位老人家給我的力量，傳遞給袁奶奶，讓他感受一絲溫暖，我拿起面紙，替袁奶奶擦拭眼淚。

「奶奶，我沒辦法修法，我只是個法醫，但是我會盡可能地替您發聲，這規定已經不合時宜了，應該要改變。」

我聯絡記者朋友，訴說整起事件。過去觀念認為軍人要戰死沙場才是榮譽，把自殺視為不名譽，如今時空環境已改變，許多老榮民因為久病厭世、遲遲無法回家鄉，甚至是不想拖累子女等理由而自殺，軍人公墓的管理規定應該放寬自殺者不得葬厝的規定，較合乎情理。

雖然記者很幫忙地將這個問題見報，然而，相關修法依然不聞其聲。這些被迫離鄉幾十年的軍人們的心聲，仍傳不到政府的耳中。

整起事件告一段落後，我和太太提起小蔣與老韓的故事，還有那場深埋心底沒說再見的告別。「要不要找找看老韓與小蔣的墓地？」太太提議。

經過幾個月，終於打探到老韓與小蔣安葬之處。兩位伯伯在我搬家後的三年內相繼病逝。帶著鮮花到墓地探望兩人，看見兩人仍為鄰作伴，忍不住笑了，稍微擦拭墓碑，再各放上一瓶養樂多，找了一塊乾淨的地方坐下。

過往回憶如跑馬燈接續撥放，以前，老韓飲料攤最難賣的就是養樂多，每次和小蔣過去，總能拿到整排養樂多，我與小蔣就會比賽誰喝得多，一陣暖意從心底竄上。

「小蔣，老韓，我是大個子，我來看你們了。」

10 活著

某年夏季，颱風肆虐台灣，山區不堪豪雨沖刷，傳出坍方、泥石流重大災情。稍早接獲山區部落遭泥石流掩埋的消息，一行人跟著搜救隊上山支援，我們在災區外待命，等待搜救隊回報現場狀況。風雨雖然漸小，仍聽得見遠處土石坍方的聲響，腳下雨水混著泥流，混濁地繞過鞋子再匯聚往下急流。看樣子，災區情況應該不太樂觀。

「無人存活、無人存活，Copy。」對講機傳來心碎的消息。

「是目前還沒找到生還者，還是已經確定無人存活了啊？」我不可置信追問。如果真的無人存活，等於部落全被掩埋了，老天爺真的有那麼殘忍嗎？

「聽他這樣講也很難斷定，記者們也上去了，等他們回來問看看狀況到底怎樣。」檢察官也還帶著一絲希望。因為暴雨，導致土石坍場，要進入部落簡直難上加難。

記者們步行好幾個小時，終於回來。看了他們記錄的影像，內心的震憾根本無法用言語形容，土石坍方的面積大約有五十個籃球場大，山洪吞噬應該只有幾秒的時間……

「這一定是崩山，然後泥石流整個衝下來！救難隊測量過，整座村落位移十幾公尺。」記者無奈搖搖頭說著。

「太慘了！」我忍不住脫口而出，因為眼界所及，從爛泥堆中勉強露出的房子，都只剩屋頂一角，更別說三層樓以下的矮房，根本是「種」在泥堆裡了。

眼看雨勢漸大，縣政府通知，必須盡快將其他部落的村民撤離山區，我們也需跟著撤離。一批批老人、孩子踩著慌亂腳步，手上拎著隨意帶上的衣物，陸續到鄰近小學避難。

「唉，部落年輕人幾乎都外移了，你看，剩我們老人家怎麼可能跑得動？山崩只能聽天由命了！」老人家嘆息著。我牽著她爬滿皺紋的手，慢慢涉過泥濘，在漸大的雨聲中感到生命的渺小。

隔天的新聞報導，死亡人數隨著時間增加，且老人和小孩佔了大多數；還有一則令人椎心的頭條——所有村民幾乎撤光了，唯獨十一歲的娟娟不願下山，因為爸爸和兩個還在就讀國中的哥哥都被洪流活埋了。

「小妹妹是因為不在家躲過一劫嗎？」同仁們七嘴八舌討論。

「不是啦，他爸爸為了救土場居民，帶兩個兒子去開怪手拉封鎖線，就是要警告居民不要靠近和疏通洪流，結果才兩秒吧，就被活埋了。」辦公室最會打聽消息的小陳說。

「娟娟媽媽呢？」

「好像去年過世的樣子。」小陳像主播為辦公室報導內容。

「太可憐了，娟娟還在旁邊眼睜睜看著爸爸和兩個哥哥被土石流活埋。」同情聲四起時，桌上的電話響了。

「喂，敏昇嗎？你有看到娟娟的報導嗎？」是檢察官。

「有啊，剛剛大家還在討論，太可憐了！怎麼了？」

「這件事出了點狀況，可能要驗ＤＮＡ。」

「嗄？有案外案？」

「也不是，有點複雜，你先到橫山分局（當時的臨時指揮所）再說。」掛上電話，帶著滿腹疑惑出勤。

一到現場，看見一位年輕女性大約二十來歲，緊緊護著娟娟，娟娟牽著她的手不放。旁邊有位年長的男性激動地對她說話，娟娟怯生生地咬著手指甲，檢察官就站在中間，遠遠可以聽見一些關鍵字，如：「來跟阿北住」「你是爸爸的小孩」，心裡有預感，大概是搶人大戰。

「怎麼了？」我向檢察官靠近，打斷年長男子的說話。

「你來了喔，來跟你說，這位是娟娟的阿伯，黃擇天。」檢察官簡單介紹雙方後，黃擇天突然大聲地說：「法醫來了最好，法醫你看看這要怎麼處理。」

「我弟弟就是開怪手死掉的黃順天，童娟娟的爸爸啦。」

「欸？怎麼會不同姓？」

「唉呦，就是這樣才麻煩的啦。」黃澤天無奈地揮揮手。

原來，黃澤天是個地主，因為很疼愛小他好幾歲的弟弟黃順天，便讓他在部落的一塊地做生意，因而認識了娟娟的母親，進而相愛。雖然娟娟母親與前夫仍有法律夫妻關係，但兩人仍排除萬難在一起，並生下三個小孩，也就是娟娟和兩位在這場災害中過世的哥哥，三人都姓童。

「為什麼小孩都姓童？」我納悶。

「娟娟媽媽是原住民，就說什麼原住民是母系社會，小孩要跟媽媽姓。」黃擇天解釋。

「小孩報戶口姓童是他們協調好的嗎？」檢察官問。

「我弟就太愛他老婆啊，頭殼壞掉，我就跟他說至少要為黃家保留一個香火，結果通通姓童啦，講不聽。」黃擇天有些怒氣。

娟娟的媽媽去年因病過世，黃順天原本要帶三個孩子下山生活，但因為深愛太太，不忍心離開共存二十幾年回憶的家，因此沒搬家，投入部落公益工作，延續對太太的愛。

護著娟娟的女性是與她同母異父的姊姊小屏，才剛新婚不久。因為過去黃順天夫妻倆工作繁忙，時常請小屏照顧娟娟，即使姊妹年齡差距大，感情卻相當好，娟娟一出事，小屏立刻從台北趕上山照顧妹妹。小屏打破沉默開口說：「我媽媽生前有說，不管發生任何事情，我一定要把妹妹照顧好。現在發生這樣的事情，娟娟跟我也比較親，我希望可以拿到娟娟的監護權。」

我試探性地問黃擇天：「那你現在也是想要娟娟的監護權嗎？」

「當然！娟娟是我家的血統，我要把我弟弟唯一的血脈留住！」

另一位年長女性這時開口，她是黃擇天的太太，她輕撫娟娟的臉：「來跟伯母住，伯母收養你，把你養長大，你不用擔心。」

娟娟對突如其來的溫柔相當反感，重重拍掉伯母的手，緊抱小屏大聲哭喊：「我要跟姊姊住，我不要跟你們回去！」

事情發展到現在，很明顯地就是搶人大戰，自從人民有了保險觀念後，這種搶人大戰都和保險金脫不了關係，尤其受理賠的人還年幼，保險金更會引發一連串複雜的命案、爭奪，多少家庭為此失和？

照理說，家屬如果要驗DNA作親子關係證明，我們會做，只是得提高警覺。娟娟僅十一歲，還親眼目睹爸爸及兩位哥哥離世，已是重大的心理創傷，往後可能都是靠保險金孤單單地養活自己，為了娟娟的未來著想，我們決定對雙方人馬問個詳細。

「那娟娟的保險金，你要怎麼幫她處理？」也許聽得出我們的質問，黃擇天趕緊解釋：「檢察官、法醫，你們誤會了啦！我沒那麼夭壽。我弟弟跟我年紀差很多，我很疼他，他就這樣走了，我一定要為他留後！」

「那你保險金打算怎麼處理？」檢察官再重複了一次。

「放心啦，我會幫她開一個戶頭存起來，她現在還小，讀書花費不多，我可以養她；以後長大她再自己用保險金去生活。」

檢察官轉過頭問小屏：「那妳呢？」

小屏義正嚴詞地說：「檢察官，不好意思，再怎麼樣娟娟也是我妹妹，我不可能霸佔她的保險金，我一樣會先幫娟娟存起來，等娟娟長大讓她自行運用。」

站在娟娟的立場，因為姓氏的關係，娟娟「表面上」不是黃順天婚生子女，屆時一定也要透過DNA證明，及訴請法院和小屏的父親，也就是娟娟媽媽法律上的丈夫「確認兩人親子關係不存在」。保險公司和相關理賠才會發放。因此，檢察官提出先解決法律程序和親子鑑定事宜，兩方再好好協商：「你們都是為了娟娟著想，到時好好坐下來談。」現場急躁、憤怒的氣氛才逐漸緩和。

伯母似乎同理娟娟和姊姊比較親近，生活上也能較多安全感，因此上前緊緊抱著娟娟說：「你要跟姊姊住沒有關係，可是以後你有什麼事情，或者說要祭拜爸爸的時候，你都要回來，這樣好不好？」也許累了，娟娟沒了激烈反應，溫順地躺在懷抱中。

離開避難所一段路後，我回頭，試著看透大門裡面的景象，尋找娟娟身影，只見小小臉龐望向窗外停機坪，看救援直升機起起落落，彷彿世間事與她無關，等著爸爸、哥哥從直升機走出來，告訴她：「妹妹久等了，我們回來了！」

11 「家」的樣子

每次在學校教課，教到DNA章節時，我都跟學生說DNA是一組會說故事的人體密碼，要他們以學理的線索，試著說出一段文字遊戲。

「老師，領保險是不是需要親子鑑定?因為DNA可以組成遺傳指令，所以小孩偷生很容易被發現。」「鄉土劇要爭家產都去做DNA鑑定啊！」學生七嘴八舌討論，聽孩子們發揮創意提出各種搞笑的DNA故事，我總淡淡地想起老林。

「法醫，這是我兒子。」老林神情哀戚跪在遺體前。

「你怎麼那麼肯定?」遺體因泡水腫脹，面貌已模糊難辨，身上沒有任何證件，年紀約二十五歲左右，死亡時間大概是三天前。

「他右手臂有一個蠍子的刺青，我兒子也有。」老林急著翻開皮夾，拿出與兒子的合照，斬釘截鐵地說：「法醫你看，一模一樣。」

的確是一樣的刺青，但無法單憑刺青和照片就斷定兩人有親子關係，為了慎重起見，我還是向檢察官提議檢驗DNA。

DNA檢驗結果出爐當天，老林一早就到地檢署等待。

等待時，老林在法警室來回走動，喋喋不休細數與兒子的點滴，好像在回憶，但更像在法庭開庭，彷彿急著向法官補充父子間的連結……

「我兒子三天前說要跟朋友去海邊玩，結果就沒消息了，我急得要死，檢察官，你看我還有報案收據。」老林拿出報案收據遞給檢察官。

「唉，我老婆去年才剛過世，現在又失去兒子，叫我怎麼活！」老林講到激動處掩面落淚，我忍不住請老林坐著休息，稍安勿躁。

檢驗結果跌破大家眼鏡，死者不是老林的兒子。

「老林，這孩子不是你的喔！」原本說出這個結果有點擔心，想必對老林來說這和死刑沒什麼兩樣。

「法醫，我知道結果會是這樣。」還以為老林會無法負荷、情緒失控，沒想到他異常淡定。

「什麼意思？」所有人目光瞬間全盯著老林，想著：這該不會是一齣整人節目的錄影？

老林若有所思沉默一陣，接著開口：「請你們相信，他真的是我的兒子，拜託讓我領屍體好嗎？」

「不好意思，死者跟你沒有血緣關係，你就不能領屍體啊！」帶著被老林耍的不快，檢察官語氣強硬。我不禁猜想，老林是不是想失蹤的兒子想瘋了？

「檢察官，我答應我老婆要好好照顧兒子，我只想讓他入土為安，和他媽媽葬在一起，請你讓我領回屍體可以嗎？」說完，老林突然下跪，雙手合十，嘴裡喊著：「拜託！拜託！我可以寫切結書。」

同仁都被弄得糊塗了，最精密的科學證據都證明死者不是他兒子了，為什麼要執著這具遺體呢？法律規定不行就是不行，我們柔性勸導，請老林回家休息，並提議會多留意失蹤少年的消息，老林別無他法，落寞離開。

幾天後，錦義突然打電話給我，錦義以前是我們轄區的地方記者，後來調到其他單位服務。

「楊大哥，我錦義，你還記得我嗎？」

「當然啊！有什麼事嗎？」

「你們署前幾天是不是有一件溺死的年輕人案子？」

「哇！你消息很靈通耶！果然就是這樣才升官！」

「哈哈，不是啦，有一個老林打電話到公司，希望媒體可以幫他領回兒子的屍體。」

天啊！老林真的還不放棄！但究竟是什麼原因，讓他如此堅持？

我和錦義、老林約在咖啡廳。

「老林，你都找媒體了，我們就開誠布公地說吧！為什麼你知道DNA結果會是這樣？」我發揮柯南精神，層層剝開老林的秘密。

「在科學證據上，他不是我的小孩；但是我養了他二十五年。」老林眼眶泛淚。

「所以那孩子是你的養子？」錦義提問。

老林抹去淚水，清了清喉嚨問了一句：

「楊法醫，你覺得什麼是家？」

天外飛來一筆的人生考題，我遲疑停頓。

「直系血親共同生活。」錦義見我沒答，便開口說。

「這是受法律保障的家。」老林盯著遠方，自言自語地說出口。

「老林，你究竟有什麼苦衷直說吧，我看看能幫上什麼忙。」一時之間難以回答「家」的問題，只能先帶兩人回到正題。

老林是位船長，出船時間比在家時間久，夫妻倆幾乎只靠電話聯絡，有時行船到美國，與太太更是失聯狀態，遠距離的感情難以維持，即便老林對太太忠心耿耿，太太還是耐不住寂寞，發生婚外情。

睽違半年的休假終於到來，老林興高采烈打開家門擁抱太太，太太卻顯得有些冷漠，像在閃躲什麼似地，對話都是簡單的一問一答，與過去親密長談大不相同，敏感的老林察覺到他們之間的改變。

老林忍不住質問太太究竟發生什麼事，不知是羞愧還是憤怒，讓太太的雙頰脹紅：「我懷孕了，但是孩子不是你的。」

老林一聽非常激動，不敢相信深愛的女人竟然背叛自己。太太向老林坦承一切，因為太過寂寞外遇，對不起老林，要老林和自己離婚。但老林對太太的愛超越所有錯誤，他原諒太太，希望能和太太繼續走下去，孩子他也會視如己出，且會永遠保守秘密。

「我答應太太這輩子都不會告訴別人，唉，為了孩子我還是打破約定了。」老林傷心地掩面痛哭。

聽完老林的話，我能感受到老林無條件的愛，即便太太犯錯，兒子非親生，他們仍是老林一輩子緊緊守護的家。只是，故事雖打動人心，但回到現實面，說故事也沒用，一定得有科學證據才行。

於是，我想到交叉比對的方式，我們聯絡死者母親的家人，請舅舅配合抽樣檢驗，證明死者是老林太太的孩子，那法律上老林和太太是合法夫妻，也就間接證明死者的父親是老林，結局皆大歡喜！

老林領回遺體當天，特地繞過來和我道謝：「楊法醫，我不曉得要怎麼感激你，真的謝謝你的幫忙，大恩大德我會銘記在心。」老林含著淚水向我鞠躬，我趕緊拍拍老林要他免禮，能夠幫上忙我也很高興。

最後，老林轉身離開前，我想起那令人遲疑、關於「家」的問題，便叫住了他：

「老林，在法律上也許直系血親的組成才是合法的家庭；但你對兒子、太太的奉獻與包容，已超越世俗、法規規定的家的樣子，你的大愛，是世界上最溫暖的家。」

玩藝82

拼圖者的生命觀察：一位工作20年的法醫心得。新聞跑馬燈後的真實故事，解剖刀下的生命啟發

作　　者／楊敏昇
採訪撰稿／王思穎
主　　編／汪婷婷
責任編輯／程郁庭
責任企劃／汪婷婷
封面設計／季曉彤
內頁設計／Mr・蒙布朗

總 編 輯／周湘琦
發 行 人／趙政岷
出 版 者／時報文化出版企業股份有限公司
一〇八〇三台北市和平西路三段二四〇號二樓
發行專線—（〇二）二三〇六—六八四二
讀者服務專線—〇八〇〇—二三一—七〇五
（〇二）二三〇四—七一〇三
讀者服務傳真—（〇二）二三〇四—六八五八
郵撥—一九三四四七二四時報文化出版公司
信箱—台北郵政七九～九九信箱
時報悅讀網／http://www.readingtimes.com.tw
電子郵件信箱／books@readingtimes.com.tw
法律顧問／理律法律事務所　陳長文律師、李念祖律師
印　　刷／盈昌印刷有限公司
初版一刷／二〇一九年五月二十四日
定　　價／新台幣三五〇元（缺頁或破損的書，請寄回更換）

時報文化出版公司成立於一九七五年，
並於一九九九年股票上櫃公開發行，
於二〇〇八年脫離中時集團非屬旺中，
以「尊重智慧與創意的文化事業」為信念。

拼圖者的生命觀察：一位工作 20 年的法醫心得。新聞跑馬燈後的真實故事，解剖刀下的生命啟發 / 楊敏昇著 . -- 初版 . -- 臺北市：時報文化 , 2019.05

面；　公分 . --（玩藝；82）
ISBN 978-957-13-7804-6(平裝)
1. 人生哲學
191.9　　　　　　　　108006266

《悅讀俱樂部會員大募集》

回函活動

想知道時報出版最新最快的新書資訊及活動嗎？現在只要您完整填寫讀者回函內容並寄回時報文化，我們將優先通知您參與我們所規劃的內容，為了答謝您對時報文化的支持，將送給您入會小禮物一份，數量有限，歡迎儘早寄回！

【讀者資料】

姓名：＿＿＿＿＿＿＿＿ □先生 □小姐

年齡：＿＿＿＿＿＿＿＿ 職業：

聯絡電話：（H）＿＿＿＿＿＿ （M）＿＿＿＿＿＿

地址：□□□ ＿＿＿＿＿＿＿＿

E-mail：＿＿＿＿＿＿＿＿（請務必完整填寫、字跡工整）

注意事項：
本問卷須以正本寄回，不得影印使用。
本公司保有活動辦法之權利。
若有其他疑問，請洽客服專線：02-23066600#8219

＊您購買《拼圖者的生命觀察：一位工作20年的法醫心得。新聞跑馬燈後的真實故事，解剖刀下的生命啟發》這本書的原因？

＿＿＿＿＿＿＿＿＿＿＿＿＿＿＿＿

＊請問您在何處購買本書籍？

□誠品書店 □金石堂書店 □博客來網路書店 □其他網路書店
□一般傳統書店 □量販店 □其他＿＿＿＿＿＿

＊您從何處知道本書籍？

□一般書店：＿＿＿＿＿＿ □網路書店：＿＿＿＿＿＿
□量販店：＿＿＿＿＿＿ □報紙：＿＿＿＿＿＿
□廣播：＿＿＿＿＿＿ □電視：＿＿＿＿＿＿
□網路媒體活動＿＿＿＿＿＿ □朋友推薦＿＿＿＿＿＿
□其他＿＿＿＿＿＿

＊您是否同意收到我們發送給您的訊息？ □同意 □不同意

拼圖者的生命觀察

一位工作20年的法醫心得。

新聞跑馬燈後的真實故事，
解剖刀下的生命啟發

※請對摺後直接投入郵筒，請不要使用釘書機。

時報出版

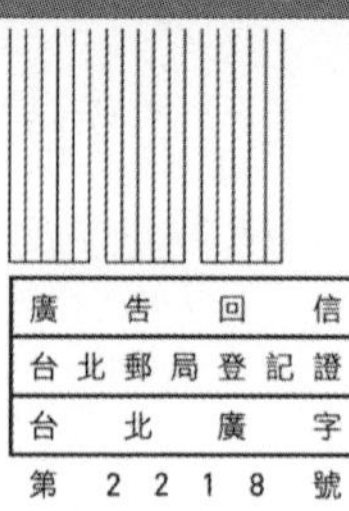

時報文化出版股份有限公司

108台北市萬華區和平西路三段240號2樓

第三編輯部 收

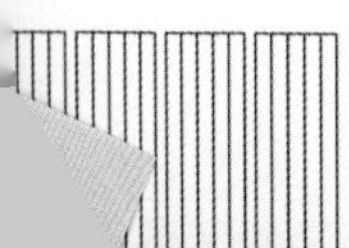